Palvo
Hengessä ja Totuudessa

Hengellinen palvelus

Dr. Jaerock Lee

*"Mutta tulee aika ja on jo,
jolloin totiset rukoilijat rukoilevat Isää hengessä ja totuudessa;
sillä senkaltaisia rukoilijoita myös Isä tahtoo.
Jumala on Henki; ja jotka häntä rukoilevat,
niiden tulee rukoilla hengessä ja totuudessa."*
(Joh. 4:23-24)

Palvo Hengessä ja Totuudessa, tekijä Dr. Jaerock Lee
Julkaisija Urim Books (Edustaja: Seongnam Vin)
73, Yeouidaebang-ro 22-gil, Dongjak-gu, Seoul, Korea
www.urimbooks.com

Kaikki oikeudet pidätetään. Tätä kirjaa tai mitään sen osaa ei saa kopioida missään muodossa, ilman kustantajan kirjallista lupaa.

Copyright © 2018 by Dr. Jaerock Lee
ISBN: 979-11-263-0410-3   03230
Suomenkielisen laitoksen Copyright © 2014 by Dr. Esther K Chung.
Käytetty luvalla.

Julkaistu aikaisemmin koreaksi 1992, Urim Books, Seoul, Korea

Ensimmäinen painos Kesäkuu 2018

Toimittanut: Geumsun Vin
Suunnittelu: Editorial Bureau of Urim Books
Painaja: Prione Printing
Lisätietoja varten ota yhteyttä: urimbook@hotmail.com

Esipuhe

Akaasiat ovat tavallinen näky Israelin erämaassa. Näiden puiden juuret ulottuvat kymmeniä metrejä maanpinnan alapuolelle mistä ne etsivät vettä elämän ylläpitämiseen. Akaasiat näyttävät siltä kuin ne eivät kelpaisi muuksi kuin polttopuuksi mutta niiden kuitu on vahvempaa ja kestävämpää kuin minkään muun puun.

Jumala käski että Liiton arkki oli rakennettava akaasiasta ja sen jälkeen kullattava ja asetettava kaikista pyhimpään. Kaikkein pyhin on pyhä paikka missä Jumala asuu ja mihin ainoastaan ylimmällä papilla on lupa astua. Samalla tavalla Jumalan Sanaan juurensa laskeva henkilö saa kokea runsaita siunauksia elämässään sen lisäksi että Jumala käyttää häntä instrumenttinaan.

Jeremia 17:8 sanoo: *"Hän on kuin veden partaalle istutettu puu, joka ojentaa juurensa puron puoleen; helteen tuloa se ei peljästy, vaan sen lehvä on vihanta, ei poutavuonnakaan sillä ole huolta, eikä se herkeä hedelmää tekemästä."* Tässä "vesi" viittaa hengellisesi Jumalan Sanaan ja tämänkaltaisia siunauksia saava henkilö tulee rakastamaan niitä palveluksia joiden aikana Jumalan Sanaa julistetaan.

Jumalanpalvelus on seremonia jonka aikana me näytämme kuinka paljon me kunnioitamme ja palvomme Jumalaa. Kristillinen palvelus on siis seremonia jonka aikana me kiitämme ja ylistämme Jumalaa Häntä kunnioittaen, ylistäen ja kirkastaen. Niin Vanhan testamentin aikana kuin tänäänkin Jumala on etsinyt ja myös jatkaa Häntä hengessä ja totuudessa palvovia.

Vanhan testamentin 3. Mooseksen kirjaan on kirjattu yksityiskohtaisesti kuinka palvoa Jumalaa. On ihmisiä jotka väittävät että tämä Mooseksen kirja kertoo siitä kuinka Jumalalle tuli uhrata Vanhan testamentin aikoina mutta että sillä ei ole enää mitään arvoa tänä päivänä. Tämä ei voisi kuitenkaan olla kauempana totuudesta sillä Vanhan testamentin palvontaa koskevat lait ovat oleellinen osa sitä kuinka me palvomme Jumalaa tänäkin päivänä. Palvominen on Uuden testamentin aikana se polku jonka kautta me kohtaamme Jumalan aivan kuten Vanhankin testamentin aikana. Me voimme palvoa Jumalaa Uuden testamentin aikana hengessä ja totuudessa vasta sitten kun me seuraamme Vanhan testamentin uhrausta koskevien lakien merkitystä.

Tämä teos keskittyy eri uhrien opetuksiin ja merkityksiin keskittymällä yksitellen polttouhreihin, ruokauhreihin, rauhan uhreihin, synnin uhreihin sekä vikauhreihin niinkuin ne Uuden testamentin aikana pätevät. Tämä auttaa meitä ymmärtämään kuinka meidän pitää palvoa Jumalaa. Tämä teos pitää sisällään värikuvia ilmestysmajasta, Pyhäkön sisäpuolesta, kaikkein Pyhimmästä sekä muista palvontaan yhdistetyistä asioista auttaakseen ihmisiä ymmärtämään uhrauksen lakeja paremmin.

Jumala sanoo meille *"Olkaa siis pyhät, sillä minä olen pyhä"* (3. Moos. 11:45; 1. Piet. 1:16), haluten meidän jokaisen ymmärtävän 3. Mooseksen kirjaan kirjatut uhrauksen lait ja elävän puhdasta elämää. Minä toivon että te kaikki ymmärtäisitte kaikki Vanhan testamentin uhrauksia koskevat lait ja palvoisitte Jumalaa Uuden testamentin aikana. Minä toivon myös että te tutkiskelisitte tapaa jolla te palvotte Jumalaa ja että te palvoisitte Häntä Häntä miellyttävällä tavalla. Minä rukoilen Jeesuksen Kristuksen nimessä että jokainen tämän kirjan lukija tulisi Jumalan kallisarvoiseksi instrumentiksi samalla tavalla kuin Salomon joka miellytti Jumalaa polttouhreillaan. Minä toivon myös että te kaikki saisitte nauttia veteen istutetun puun tavoin ylitsevuotavista siunauksista antamalla Jumalalle rakkauden ja kiitollisuuden tuoksua palvomalla Häntä hengessä ja totuudessa!

Helmikuu 2010

Jaerock Lee

Sisältö
Palvo Hengessä ja Totuudessa

Esipuhe

Luku 1
Jumalan hyväksymä hengellinen palvonta   1

Luku 2
Kolmanteen Mooseksen kirjaan kirjatut uhrit   19

Luku 3
Polttouhri   45

Luku 4
Ruokauhri   71

Luku 5
Rauhanuhri 89

Luku 6
Syntiuhri 103

Luku 7
Vikauhri 121

Luku 8
Antakaa ruumiinne eläväksi ja pyhäksi uhriksi 135

Luku 1

Jumalan hyväksymä hengellinen palvonta

"Jumala on Henki; ja jotka häntä rukoilevat,
niiden tulee rukoilla hengessä ja totuudessa."

Joh. 4:24

1. Vanhan testamentin aikojen uhrit ja Uuden testamentin aikojen palvonta

Alunperin ensimmäinen luotu ihminen, Aatami, pystyi olemaan suorassa ja läheisessä liitossa Jumalan kanssa. Aatamin läheinen yhteys Jumalaan kuitenkin katkesi sen jälkeen kun hän joutui Saatanan kiusaamaksi ja teki syntiä. Jumala valmisti anteeksiannon ja pelastuksen tien Aatamille ja tämän jälkeläisille jonka kautta he pystyivät jälleen herättämään henkiin kommunikaatioyhteyden Jumalaan. Tämä tie löytyy Vanhan testamentin uhritavoista jotka Jumala meille armollisesti ilmoitti.

Vanhan testamentin aikana uhrit eivät olleet peräisin ihmisiltä vaan ne olivat itse Jumalan käskemiä ja paljastamia. 3. Moos. kertoo meille tämän jakeesta 1:1 alkaen: *"Ja Herra kutsui Mooseksen ja puhui hänelle sisältä ilmestysmajasta sanoen..."* Me voimme ymmärtää tämän myös Aatamin poikien, Kainin ja Aabelin, Jumalalle antamista uhreista (Genesis 4:2-4).

Nämä uhrit seuraavat tiettyjä sääntöjä merkityksensä mukaisesti. Nämä uhrit jaetaan polttouhreihin, ruokauhreihin, rauhan uhreihin, syntiuhreihin sekä vikauhreihin. Syntien vakavuudesta ja ihmisten tilanteesta riippuen ihmiset voivat uhrata härkiä, lampaita, vuohia, kyyhkysiä sekä jauhoja. Uhreja valvovien pappien tuli harjoittaa itsekuria elämässä, olla asiallisia käytöksessään, pukeutua erillään säilytettyihin esiliinoihin ja antaa sääntöjen mukaan tarkasti valmistettuja uhreja. Tämän kaltaiset uhrit olivat ulospäin monimutkaisen muodollisia ja tarkkoja. Vanhan testamentin aikoina syntiä tehneet ihmiset pystyivät lunastamaan syntinsä ainoastaan tappamalla eläimen uhrina. Synti pystyttiin sovittamaan ainoastaan eläimen verellä. Saman eläimen veri ei kuitenkaan pystynyt lunastamaan ihmisiä kun sitä uhrattiin vuosi vuoden perään. Nämä uhrit olivat väliaikaisia ja siten ne eivät olleet täydellisiä. Tämä johtuu siitä että ihmisen täydellinen lunastus on mahdollista ainoastaan toisen ihmisen elämän kautta. 1. Kor. 15:21 sanoo: *"Sillä koska kuolema on tullut ihmisen kautta, niin on myöskin kuolleitten ylösnousemus tullut ihmisen kautta."* Tästä syystä Jeesus, Jumalan Poika, tuli tähän maailmaan lihana. Siitä huolimatta että Hän oli synnitön Hän vuodatti verensä ja kuoli ristillä. Jeesuksesta tuli meidän sovitusuhrimme (Hepr. 9:28) ja tästä syystä me emme enää tarvitse monimutkaisia ja jäykkiä polttouhreja.

Heprealaiskirje 9:11-12 sanoo: *"Mutta kun Kristus tuli tulevaisen hyvän ylimmäiseksi papiksi, niin hän suuremman ja täydellisemmän majan kautta, joka ei ole käsillä tehty, se on: joka ei ole tätä luomakuntaa, meni, ei kauristen ja vasikkain veren kautta, vaan oman verensä kautta kerta kaikkiaan kaikkeinpyhimpään ja sai aikaan iankaikkisen lunastuksen."* Jeesus saavutti ikuisen lunastuksen.

Jeesuksen Kristuksen ansiosta meidän ei tarvitse enää uhrata Jumalalle veriuhreja. Tämän sijaan me voimme mennä Hänen eteensä ja uhrata Hänelle eläviä ja pyhiä uhreja. Tätä on Uuden testamentin aikainen palvonta. Jeesus antoi uhrin tulemalla naulatuksi ristille ja vuodattamalla verensä (Hepr. 10:11-12). Tämän ansiosta me voimme saada syntimme anteeksi jos me uskomme sydämemme pohjasta että meidät on lunastettu synneistämme ja me uskomme Jeesukseen Kristukseen. Tämä ei ole seremonia joka painottaa tekoa vaan meidän sydämestämme virtaavan uskon näyttämistä. Se on elävä ja pyhä uhri sekä hengellistä palvontaa (Room. 12:1).

Tämä ei kuitenkaan tarkoita sitä että Vanhan testamentin uhrit olisivat pyyhitty pois. Jos Vanhan testamentti on varjo niin Uusi testamentti on sen lähde. Vanhan testamentin uhrien lait ovat tulleet Jeesuksen täydellistämiksi Uudessa testamentissa. Uudessa testamentissa ainoastaan muodollisuus on korvaantunut palvonnan palvelukseksi. Jumala halusi Vanhan testamentin aikana tahrattomia ja puhtaita uhreja, ja samalla tavalla Hän on mielissään Uuden testamentin aikoina meidän hengessä ja totuudessa uhratusta palvonnasta. Sen lisäksi että jäykät muodollisuudet sekä prosessit painottivat ulkoisia seremonioita ne myös pitivät sisällään syviä ja hengellisiä merkityksiä. Ne toimivat esimerkkinä siitä kuinka me voimme tutkia meidän suhdettamme palvontaan.

Ensinnäkin, uskovan pitää katsoa edellistä viikkoaan, tunnustaa syntinsä ja pyytää anteeksiantoa (synnin uhri) sen jälkeen kun hän on ottanut vastuun teoistaan naapureidensa, veljiensä ja Jumalan edessä (syyllisyyden uhri). Tämän jälkeen hänen tulee palvoa puhtain sydämin ja vilpittömästi (polttouhri). Jumala täyttää meidän sydäntemme toiveet ja antaa meillä voimaa ja valtaa maailman voittamiseen kun me miellytämme Jumalaa antamalla tarkasti valmistettuja uhreja ollen kiitollisia meitä edellisen viikon aikana suojelleesta armosta (ruokauhri) ja kertoen Hänelle mitä me sydämessämme haluamme (rauhan uhri). Täten Uuden testamentiin ajan palvontaan kuuluu paljon Vanhan testamentin aikojen uhraukseen liittyviä lakeja. Vanhan testamentin aikojnen uhrausta koskevia lakeja tutkitaan tarkemmin luvusta 3 eteenpäin.

2. Hengessä ja totuudessa palvominen

Jeesus sanoo meille jakeissa Joh. 4:23-24 näin: *"Mutta tulee aika ja on jo, jolloin totiset rukoilijat rukoilevat Isää hengessä ja totuudessa; sillä senkaltaisia rukoilijoita myös Isä tahtoo. Jumala on Henki; ja jotka häntä rukoilevat, niiden tulee rukoilla hengessä ja totuudessa."* Jeesus puhui näin Samariassan Sykarissa kohtaamalleen naiselle kaivon luona. Nainen kysyi hänen kanssaan keskustelemaan alkaneelta Jeesukselta häntä pitkän aikaa kiehtoneesta palvonnan paikasta (Joh. 4:19-20).

Jeesus oli uhrannut Jerusalemissa missä myös Temppelikin sijaitsi kun taas samarialaiset uhrasivat Gerisim-vuorella. Tämä johtui siitä että Israel oli jakaantunut kahtia Salomonin pojan, Rehoboamin, valtakauden aikana, ja Israelin pohjoinen valtakunta oli perustanut ylhäisen paikan estääkseen ihmisiä menemästä Jerusalemin Temppeliin. Nainen oli tästä tietoinen ja hän halusi tietää mikä oli oikea paikka palvoa Jumalaa.

Israelin kansalle palvontapaikalla on erittäin suuri merkitys. Jumala oli aina läsnä Temppelissä ja niin he eristivät sen ja pitivät sitä maailmankaikkeuden keskipisteenä. Julistautuessaan Messiaaksi Jeesus kuitenkin antoi meidän ymmärtää että myös sen mitä me olemme ymmärtäneet palvomisesta täytyy muuttua sillä se lempeä sydän millä me Jumalaa palvomme on paljon tärkeämpi kuin se missä me Häntä palvomme.

Mitä tarkoittaa "hengessä ja totuudessa palvominen?" Hengessä palvominen on sitä että me teemme Raamatun 66 kirjassa olevasta Jumalan Sanasta meidän leipäämme Pyhän Hengen ohjauksessa ja että me palvomme sydämemme pohjasta meissä asuvan Pyhän Hengen rinnalla. Totuudessa palvominen on sitä että me palvomme Jumalaa koko sydämellämme, kehollamme ja vilpittämyydellämme Häntä oikein ymmärtäen antamalla Hänelle ilossa, kiitollisuudessa, rukouksessa ja ylistyksessä teoilla ja uhreilla.

Se hyväksyykö Jumala meidän uhrimme ei riipu meidän ulkoisesta olemuksestamme tai meidän uhriemme koosta vaan ainoastaan siitä kuinka paljon me annamme Hänelle omista henkilökohtaisista olosuhteistamme. Jumala ottaa mieluusti vastaan sellaisilta ihmisiltä jotka palvovat Häntä sydämensä pohjasta ja antavat Hänelle vapaaehtoisesti. Jumala ei kuitenkaan hyväksy niskoittelevien ihmisten uhreja sillä heidän sydämensä ovat ajattelemattomia ja he eivät välitä muusta kuin siitä mitä muut heistä itsestään ajattelevat.

3. Jumalan hyväksymän uhrin antaminen

Uuden testamentin aikana koko Laki on tullut Jeesuksen Kristuksen täyttämäksi ja niin kaikkien sen aikana elävien tulee palvoa Jumalaa täydellisellä tavalla. Tämä johtuu sitä että rakkaus on suurin kaikista niistä käskyistä jotka Lain rakkaudella täyttänyt Jeesus Kristus meille antoi. Palvonta on siten meidän rakkautemme ilmaisemista Jumalaa kohtaan. On ihmisiä jotka tunnustavat rakkautensa Jumalaa kohtaan huulillaan mutta näyttävät palvonnallaan että on kyseenalaista rakastavatko he Jumalaa todellakin sydämensä pohjasta.

Me pukeudumme aina siistiin asuun ja osoitamme oikeanlaista asennetta ja sydäntä kun me tapaamme jonkun joka on meitä korkea-arvoisempi tai vanhempi. Jos me annamme tälle henkilölle lahjan me pidämme huolen siitä että se on virheetön ja tahraton. Jumala on kaiken tässä maailmankaikkeudessa olevan Luoja ja Hän on luomakuntansa ylistyksen ja palvonnan arvoinen. Me emme voi olla koskaan sopimaton Hänen edessään jos me palvomme Häntä hengessä ja totuudessa. Meidän pitää tarkistella itseämme nähdäksemme olemmeko me käyttäytyneet Häntä kohtaan sopimattomasti ja meidän täytyy pitää huolta siitä että me otamme osaa palveluksiin koko kehollamme, sydämellämme ja tahdollamme, huolellisesti kaikki velvollisuutemme täyttäen.

1) Meidän ei pidä myöhästyä palveluksesta
Jumalanpalvelus on tapahtuma jonka kautta me

tunnustamme näkymättömän Jumalan hengellisen aseman. Me tunnustamme Hänet sydämellämme vasta sitten kun me olemme täyttäneet ja olleet kuuliaisia Hänen asettamilleen säännöille ja käskyille. Tämän johdosta on sopimatonta saapua myöhässä palvelukseen syystä huolimatta.

Me olemme luvanneet antaa palvelukseen käyttämämme ajan Jumalalle ja niin meidän pitää saapua paikalle ennen palveluksen alkua, omistaa itsemme rukoukselle ja valmistautua sydämessämme palvelukseen. Epäilemättä me saapuisimme ajoissa ja odottaisimme kohtaamista sydän valmiina jos meillä olisi sovittu tapaaminen kuninkaan, presidentin tai pääministerin kanssa. Kuinka me voimme sitten olla myöhässä tai olla kiireisiä kun me kohtaamme Jumalan joka on vertaamattoman paljon suurempi ja majesteetillisempi?

2) Meidän pitää antaa sanomalla jakamaton huomiomme

Paimen (pastori) on Jumalan osoittama saarnaaja, ja hän vastaa Vanhan testamentin ajan pappia. Jumalan sanaa pyhältä alttarilta saarnaava paimen johdattaa laumaansa kohti taivasta.

2. Moos. 16:8 kertoo kuinka Israelin kansa nurisi ja vastusti Moosesta. 1. Samuel 8:4-9 kertoo kuinka Jumala piti profeetta Samuelin vastustamista niskoitteluna Häntä itseään vastaan. On siis sopimatonta puhua vieressäsi istuvan henkilön kanssa palveluksen aikana tai antaa ajatustesi harhailla paimenen saarnatessa sanomaansa.

Palveluksen aikana nukkuminen tai torkkuminen on myös sopimatonta. Voitko sinä kuvitella kuinka epäkohteliasta olisikaan jos sihteeri tai ministeri nukahtaisi presidentin pitämän kokouksen aikana? Samalla tavalla pyhätössä nukkuminen on epäkohteliasta Jumalaa, paimenta sekä veljiämme ja sisariamme kohtaan.

On myös sopimatonta palvoa rikkonaisen hengen kera. Jumala ei hyväksy Hänelle uhrattua palvontaa jos se on annettu kiitollisuuden ja ilon sijaan murehtien. Tämän tähden meidän pitää ottaa osaa palvontaan taivaan unelmoinnista kumpuavan toivon kera ja omata sydämen joka on kiitollinen pelastuksen armosta ja rakkaudesta. On sopimatonta ravistella henkilön olkapäätä tai puhua hänelle jos hän rukoilee Jumalaa. On sopimatonta keskeyttää henkilön keskustelu Jumalan kanssa samalla tavalla kuin on sopimatonta keskeyttää sinun kanssasi samalla tasolla olevan henkilön keskustelu teitä korkeampiarvoisemman henkilön kanssa.

3) Meidän ei pidä käyttää alkoholia tai tupakkaa ennen palvelukseen osaaottamista

Jumala ei pidä sitä syntinä että tuore uskova ei pysty lopettamaan juomista tai polttamista heikon uskonsa tähden. On kuitenkin Jumalan edessä sopimatonta jos kastettu henkilö jolla on kirkossakin asema jatkaa polttamista ja juomista.

Jopa ei-uskovat pitävät kirkkoon menemistä humalassa tai tupakan polttamisen jälkeen sopimattomana ja vääränä. Henkilö kykenee ymmärtämään totuuden avulla kuinka käyttäytyä Jumaan lapsena kun hän miettii kuinka monet ongelmat ovat peräisin juomisesta tai polttamisesta.

Polttaminen aiheuttaa aiheuttaa useita erilaisia syöpiä ja on siten haitallista keholle, kun taas juominen voi johtaa humaltumiseen ja olla täten sopimattoman käytöksen ja puheiden lähde. Kuinka tupakkaa polttava tai juova uskova voi toimia esimerkkinä Jumalan lapsille kun hänen käytöksensä voi jopa vahingoittaa Hänen mainettaan? Tämän tähden sinun pitää heittää nopeasti pois vanhat tapasi jos sinä omaat aitoa uskoa. Kaikkensa tekeminen vanhan elämäsi poisheittämiseksi on sopivaa Jumalan edessä vaikka sinä olisitkin vielä tuore uskossasi.

4) Meidän ei pidä saastuttaa tai rikkoa palveluksen ilmapiiriä

Pyhättö on pyhä paikka mikä on tarkoitettu palvomista, rukousta ja Jumalan ylistystä varten. Lapset estävät muita kirkon jäseniä palvomasta koko sydämellään jos heidän vanhempansa sallivat lasten itkeä, meluta tai juosta vapaasti ympäriinsä. Tämä on sopimatonta Jumalan edessä.

On myös epäkunnioittavaa suuttua, vihastua tai puhua taloudestaan tai ulkopuolisesta viihteestä pyhätön sisällä. Purukumin pureminen, kovaääninen juttelu vieressäsi istuvan henkilön kanssa, sekä pyhätöstä kesken palveluksen ulos käveleminen ovat myös osoitus kunnioituksen puutteesta. Hatun, T-paidan, verryttelyasujen tai sandaalien pitäminen palveluksen aikana on hyvien tapojen vastaista. Ulkoinen muoto ei ole tärkeää mutta henkilön sisäinen asenne ja hänen sydämensä heijastuvat usein hänen ulkoiseen muotoonsa. Se kuinka henkilö valmistautuu palvelusta varten näkyy hänen asustaan ja hänen ulkomuodostaan.

Me voimme uhrata Jumalalle hengellistä palvontaa jonka Hän hyväksyy kun me ymmärrämme Jumalaa ja mitä Hän haluaa. Jumala antaa meillä voiman ymmärtää niin että me voimme kaivertaa tämän ymmärryksen sydämeemme, kantaa runsasta hedelmää ja nauttia ihmeellisestä armosta ja siunauksista joita Jumala päällemme valuttaa kun me palvomme Häntä Häntä miellyttävällä tavalla, eli kun me palvomme Häntä hengessä ja totuudessa.

4. Hengessä ja totuudessa palvomisen merkitsemä elämä

Meidän elämämme uudistuvat kun me palvomme Jumalaa hengessä ja totuudessa. Jumala haluaa jokaisen henkilön elämän olevan hengessä ja totuudessa palvomisen merkitsemä. Kuinka meidän pitää käyttäytyä voidaksemme uhrata Jumalalle Hänen hyväksymäänsä hengellistä palvontaa?

1) Meidän pitää iloita lakkaamatta

Aito ilo ei kumpua ainoastaan silloin kun meillä on syy olla iloinem vaan myös silloin kun meidän pitää kohdata kivuliaita ja vaikeita asioita. Jeesus Kristus, jonka me olemme ottaneet vastaan pelastajaksemme, on syy siihen että me voimme riemuita lakkaamatta sillä Hän on ottanut kaikki kiroukset valtansa alle.

Jeesus lunasti meidän kaikista synneistämme verellään kun me olimme tuhon tiellä. Hän otti meidän köyhyytemme ja sairautemme päälleen ja Hän avasi kyyneleiden pahuuden, kivun, surun ja kuoleman kahleet. Tämän lisäksi hän tuhosi kuoleman vallan ja nousi kuolleista, antaen meille siten toivon ylösnousemuksesta ja sallien siten meidän omata aidon elämän ja kauniin taivaan.

Me emme voi muuta kuin iloita jos me olemme omanneet Jeesuksen Kristuksen ilomme aiheena uskomme kautta. Todellisuudella ei ole meille merkitystä vaikka meillä ei olisi ruokaa tai meidän perheellämme olisi ongelmia tai vaikka me olisimme vaikeuksien ja vainon ympäröimiä sillä me omaamme kauniin toivon kuolemanjälkeisestä elämästä ja me saamme ikuisen onnellisuuden. Niin kauan kuin meidän rakkauden täyttämä sydämemme Jumalaa kohtaan ei horju eikä meidän toivomme taivaasta horju ei meidän riemumme koskaan haihdu. Joten riemu ja iloa kumpuaa meistä joka hetki ja meidän vaikeutemme muuttuvat nopeasti siunauksiksi kun meidän sydämemme on täynnä Jumalan armoa sekä toivoa taivaasta.

2) Meidän pitää rukoilla lakkaamatta

'Lakkaamatta rukoilemisella' on kolme merkitystä. Ensinnäkin, se tarkoittaa säännöllistä rukoilemista. Jopa Jeesus etsi lähetystyönsä aikana rauhallisia paikkoja joissa Hän saattoi rukoilla. Daniel rukoili kolme kertaa päivässä säännöllisesti ja Pietari ja muut opetuslapset varasivat aikaa rukoilemista varten. Meidän pitää rukoilla säännöllisesti täyttääksemme rukouksen määrän ja pitääksemme huolen siitä että Pyhän Hengen öljy ei koskaan lopu kesken. Vasta tällöin me voimme ymmärtää Jumalan Sanaa palvelusten aikana ja saada voimaa elää Sanan mukaisesti.

'Lakkaamatta rukoileminen' tarkoittaa myös sitä että meidän pitää rukoilla hetkinä jotka eivät ole tavan tai aikataulun määräämiä. On hetkiä jolloin pyhä henki ohjaa meidät rukoilemaan meidän tavallisten rukousaikojemme ulkopuolella. Me kuulemme usein todistuksia ihmisiltä jotka ovat välttäneet vaikeuksia tai joita on suojeltu tai varjeltu onnettomuuksilta koska he olivat noudattaneet tätä rukouskehotusta.

Lopulta, 'lakkaamatta rukoileminen' tarkoittaa sitä että me mietiskelemme Jumalan Sanaa päivin ja öin. Siitä huolimatta missä me olemme tai kenen kanssa me olemme tai mitä me teemme, meidän sydämessämme olevan totuuden pitää olla elävää ja sen pitää tehdä aktiivisesti työtään.

Rukoileminen on meidän henkemme hengittämistä. Liha kuolee kun lihan hengitys lakkaa, ja samalla tavalla rukouksen loppuminen johtaa hengen heikkenemiseen ja lopulta sen kuolemiseen. Me voimme sanoa että henkilö 'rukoilee lakkaamatta' vasta sitten kun he ei vain rukoile tiettynä päivän aikana vaan myös mietiskelee Jumalan sanaa päivin ja öin ja elää sen mukaisesti. Kaikki hänen elämänsä osa-alueet kukoistavat ja Pyhä Henki johdattaa Häntä selvästi ja läheisesti kun Jumalan Sana on tehnyt Hänen sydämeensä asuinsijan ja hän elää Pyhän Hengen kanssa läheisessä liitossa.

Raamattu kehottaa meitä etsimään Jumalan kuningaskuntaa ja Hänen vanhurskauttaan ja kun me rukoilemme Jumalan kuningaskunnan puolesta – Hänen johdatuksensa ja sielujen pelastuksen puolesta – itsemme sijaan, Hän siunaa meitä yhä runsaammin. On kuitenkin ihmisiä jotka rukoilevat kohdatessaan vaikeuksia tai kun he tuntevat että heiltä puuttuu jotakin mutta sitten lakkaavat rukoilemasta kun he ovat rauhassa. On myös ihmisiä jotka rukoilevat tunnollisesti ollessaan täynnä Pyhää Henkeä mutta pitävät sitten tauon rukouksessaan kun he menettävät tämän täyteyden.

Meidän pitää kuitenkin koota sydämemme ja nostattaa Jumalalle Häntä miellyttävää rukouksen tuoksua. Sinä voit kuvitella kuinka piinaavaa ja vaikeaa on yrittää puristaa ulos sanoja oman tahdon vastaisesti ja koettaa täyttää rukoukseen varattua hetkeä tyhjänpäiväisiä ajatuksia ja uneliaisuutta vastaan samanaikaisesti taistellen. Joten eikö uskovan pitäisi hävetä tunnustaessaan uskoaan Jumalaa kohtaan jos hän luulee omaavansa tietyn tason uskoa mutta silti kokee tämänkaltaisia vaikeuksia ja pitää Jumalan kanssa keskustelemista vaikeana? Sinun pitää tutkiskella itseäsi nähdäksesi kuinka kiitollinen ja riemuisa sinä olet ollut jos sinä ajattelet mielessäsi että sinun rukouksesi on hengellisesti tylsää ja seisovaa.

On varmaa että rukous ei ole kalseaa vaan se nousee yhä korkeammalle kun henkilön sydän on aina täynnä iloa ja kiitollisuutta. Tämänkaltaisesta henkilöstä ei tunnu että hän ei pystyisi rukoilemaan vaan tämän sijaan hän janoaa Jumalan armoa mitä vaikeammaksi hänen tilanteensa kehittyy ja hän kutsuu Jumalaa yhä vilpittömämmin ja hänen uskonsa kasvaa askel askeleelta.

Me kannamme runsaasti rukouksen hedelmää kun me kutsumme Jumalaa rukouksessa sydämemme pohjasta taukoamatta. Meidän kohtaamistamme koettelemuksista huolimatta me pystymme pitämään kiinni rukoushetkistämme. Mitä enemmän me rukoilemme sitä syvennäksi meidän uskomme ja rakkautemme muuttuu ja me saamme jakaa armoa myös muiden kanssa. Tämän tähden on erittäin tärkeää että me rukoilemme lakkaamatta ilossa ja kiitollisuudessa niin että me voimme saada Jumalalta vastauksia kauniin hedelmän muodossa niin hengessä kuin lihassakin.

3) Meidän pitää olla kaikessa kiitollinen

Mistä sinä voit olla kiitollinen? Ennen kaikken kaikkea meidän pitää olla kiitollisia siitä että vaikka meidän kohtalonamme oli kuolle me silti voimme tulla pelastetuksi ja päästä taivaaseen. Meidän pitää olla kiitollisia siitä että me saamme nauttia jokapäiväisestä leivästä sekä hyvästä terveydestä. Tämän lisäksi me voimme olla kiitollisia kaikessa koettelemuksista ja vastoinkäymisistä huolimatta sen tähden että me uskomme kaikkivaltiaaseen Jumalaan.

Jumala tietää kaiken meidän olosuhteistamme ja meidän elämästämme ja Hän kuulee kaikki meidän rukouksemme. Hän ohjaa meitä kun me uskomme kaiken Hänen käsiinsä koettelemusten aikana ja me tulemme näistä koettelemuksista ulos yhä kauniimpana.

Me ymmärrämme että me emme voi tehdä muuta kuin olla Jumalalle kiitollisia jopa silloin kun me koemme kärsimyksiä Hänen nimensä tähden tai kun me kohtaamme koettelemuksia omien virheidemme ja puutteidemme tähden. Me voimme olla meidät vahvemmaksi tekevästä Jumalan voimasta yhä kiitollisempia kun meiltä puuttuu jotakin tai kun emme kykene tekemään jotakin. Me voimme kiittää jopa silloin kun meitä kohtaava todellisuus muuttuu yhä vaikeampisietoisemmaksi ja kestävämättömämmäksi jos me uskomme Jumalaan. Kaikki kääntyy hyväksi ja siunaukseksi kun me kiitämme uskossa tilanteesta huolimatta.

Iloitseminen, rukoileminen ja kiittäminen ovat se mittatikku minkä mukaan me voimme mitata kuinka paljon hedelmää me olemme hengessä ja lihassa kantaneet uskomme elämän kautta. Mitä enemmän me yritämme iloita tilanteesta riippumatta, kylvämme ilon siemeniä ja annamme kiitosta sydämemme pohjasta etsiessämme syitä kiitollisuuteen, sitä enemmän ilon ja kiitollisuuden hedelmiä me kannamme. Sama koskee rukousta. Mitä enemmän vaivaa me näemme rukouksessa, sitä voimakkaampia vastauksia me saamme sen hedelmänä korjata.

Meidän pitää siis aina rukoilla lakkaamatta ja kiittää Jumala (1. Tess. 5:16-18) uhraamalla Hänelle Hänen haluamaa ja Häntä miellyttävää palvonnan hengellistä palvelusta päivittäin. Minä rukoilen että te kantaisitte hengen runsasta ja painavaa hedelmää niin hengessä kuin lihassakin.

Luku 2

Kolmanteen Mooseksen kirjaan kirjatut uhrit

"Ja Herra kutsui Mooseksen
ja puhui hänelle sisältä ilmestysmajasta sanoen:
Puhu israelilaisille ja sano heille:
Jos joku teistä tahtoo tuoda uhrilahjan Herralle,
niin tuokaa uhrilahjanne karjasta,
joko raavaista tai lampaista."

3. Moos. 1:1-2

1. Kolmannen Mooseksen kirjan merkitys

Usein sanotaan että Uuden testamentin Ilmestyskirja ja Vanhan testamentin kolmas Mooseksen kirja ovat Raamatun vaikempia kirjoja. Tästä syystä ihmiset usein hyppäävät näiden kohtien yli ajatellen samalla että Vanhan testamentin uhrisäännöt eivät koske tätä aikaa. Nämä kohdat eivät kuitenkaan ole meille ilman merkitystä sillä muuten Jumala ei olisi antanut niiden tulla kirjatuksi Raamattuun. Jokainen Uuden ja Vanhan testamentin sana on tarpeellinen meidän kristilliselle elämällemme, minkä tähden Jumala on sallinut niiden tulla kirjatuiksi Raamattuun (Matteus 5:17-19). Vanhan testamentin uhrisäädöksiä ei pidä unohtaa Uuden testamentin aikana. Aivan kuten kaikki Lain kohdat, niin myös Vanhan testamentin uhreja koskevat lait tulivat Jeesuksen täyttämiksi Uudessa testamentissa. Vanhan testamentin uhreja koskevien säädösten merkitys löytyy myös tämän päivän palvonnasta Jumalan pyhätössä ja Vanhan testamentin ajan uhrit vastaavat tämän päivän palveluksia. Me pystymme seuraaman oikopolkuja siunauksiin joiden kautta me voimme kohdata Jumalan ja kokea Hänen läsnäolonsa ymmärtämällä kuinka palvoa ja palvella Häntä kun me ymmärrämme Vanhan testamentin uhreja koskevat lait ja niiden merkitykset. Tällöin me ymmärrämme kuinka palvoa ja palvella Jumalaa.

Kolmas Mooseksen kirja on osa Jumalan Sanaa mikä koskee tänäkin päivänä kaikkia Hänen uskovia. Jakeen 1. Piet. 2:5

mukaisesti: *"ja rakentukaa itsekin elävinä kivinä hengelliseksi huoneeksi, pyhäksi papistoksi, uhraamaan hengellisiä uhreja, jotka Jeesuksen Kristuksen kautta ovat Jumalalle mieluisia"* kaikki Jeesuksen Kristuksen kautta pelastuksen saaneet voivat mennä Jumalan eteen Vanhan testamentin pappien tavoin.

Tämä Mooseksen kirjaa jakaantuu kahteen osaan. Ensimmäinen osa keskittyy suurelta osin siihen kuinka meidän syntimme annetaan meille anteeksi. Tämä muodostuu uhreja koskevista laeista meidän syntiemme anteeksiantamiseksi. Tämä osa kuvaa myös mitä papeilta vaaditaan ja mitkä heidän velvollisuutensa olivat heidän uhratessa Jumalalle ihmisten puolesta. Toinen osa puhuu yksityiskohtaisesti niistä synneistä mitä Jumalan valituttjen, Hänen pyhien, ei tule koskaan tehdä. Eli jokaisen uskovan pitää oppia kolmannesta Mooseksen kirjasta löytyvä Jumalan tahto mikää painottaa sitä kunka meidän pitää ylläpitää pyhää suhdettamme Jumalaan.

Kolmannen Mooseksen kirjan lait selittävät kuinka meidän tulee palvoa. Me voimme kohdata Jumalan ja saada Häneltä vastauksia ja siunauksia palvelun kautta. Samalla tavalla Vanhan testamentin ihmiset saivat syntinsä anteeksi ja he saivat kokea Jumalan uhrien kautta. Jeesuksen Kristuksen jälkeen Pyhä Henki kuitenkin asettui asumaan meihin ja tämän jälkeen me olemme voineet olla liitossa Jumalan kanssa kun me palvomme Häntä hengessä ja totuudessa Pyhän Hengen tekojen säestämänä.

Heprealaiskirje 10:1 sanoo näin *"Sillä koska laissa on vain tulevan hyvän varjo, ei itse asiain olemusta, ei se koskaan voi* samoilla jokavuotisilla uhreilla, joita he alinomaa kantavat esiin, tehdä niiden tuojia täydellisiksi." Jokaisella muodolla on oma varjonsa. Nykyään 'muoto' on se että me voimme palvoa Jeesuksen Kristuksen kautta ja Vanhan testamentin akoina ihmiset ylläpitivät suhdettaan Jumalaan uhrien kautta, mikä on tämän 'muodon' varjo.

Jumalalle annetut uhrit pitää antaa Hänen säätämien sääntöjen mukaisesti. Jumala ei ota vastaan uhria henkilöltä joka on antanut sen itse haluamallaan tavalla. Genesiksen 4. luku kertoo kuinka Jumala hyväksyi Hänen tahtoaan seuraavan Aabelin uhrin mutta ei välittänyt oman päänsä mukaisesti uhranneen Kainin uhria.

Samalla tavalla on olemassa Jumalaa miellyttävää palvontaa sekä Hänen säännöistään poikkeavaa ja siten Hänelle merkityksetöntä palvontaa. Kolmannen Mooseksen kirjan uhrausta koskevat lait kertovat meille käytännöllisiä ohjeita siitä minkälaisen palveluksen avulla me voimme saada Jumalalta vastauksia ja minkälainen palvelus Häntä miellyttää.

2. Jumala kutsui Moosesta ilmestysmajasta

3. Moos. 1:1 sanoo: *"Ja Herra kutsui Mooseksen ja puhui hänelle sisältä ilmestysmajasta sanoen..."* Ilmestysmaja on kannettava pyhättö joka salli Israelin kansan liikkua nopeasti erämaassa ja tämän majan sisältä Jumala nyt kutsui Moosesta. Ilmestysmaja viittaa Pyhättöön ja kaikkein pyhimpään (2. Moos.

30:18, 30:20, 39:32, ja 40:2). Se voi viitata itse ilmestysmajaan tai pihojen ympärillä roikkuviin rrpuksiin (4. Moos. 4:31, 8:24). Exoduksen jälkeen Israelin kansa vietti pitkän ajan erämaassa matkallaan kohti Kanaania ja heidän piti tänä aikana olla jatkuvasti liikkeellä. Tästä syystä temppeli missä Jumalalle uhrattiin ei voinut olla pysyvä rakennelma ja niin se oli helposti siirrettävä tabernaakkeli. Tästä syystä rakennelmaa kutsuttiin myös 'tabernaakkelin temppeliksi.'

2. Moos. 35-39 puhuu yksityiskohtaisesti tabernaakkelin rakentamisesta. Jumala itse antoi Moosekselle tabernaakkelin rakenteen ja sen mitä materiaaleja sen rakentamiseen tulisi käyttää. Mooseksen kertoessa seurakunnalle mitä materiaaleja sen rakentamiseen tarvittaisiin he toivat mielissään niin paljon erilaisia materiaaleja että Mooseksen piti estää heitä tuomasta enempää (2. Moos. 36:5-7). Näihin materiaaleihin kuului kultaa, hopeaa, pronssia, erilaisia kiviä, sinistä, purppuraa ja violettia kangasta, pellavaa, vuohenkarvoja sekä erilaisia nahkoja.

Niin tabernaakkeli sitten rakennettiin seurakunnan vapaaehtoisesti antamista lahjoista. Egyptistä paenneet ja kohti Kanaania matkalla olleille israelilaisille tämän tabernaakkelin rakentaminen ei ollut millään tavalla halpaa. Heillä ei ollut kotia tai maata. He eivät pystyneet varastoimaan vaurautta maanviljelyksen kautta. He kuitenkin luottivat Jumalan rukoukseen joka oli sanonut heille että Hän tulisi asumaan heidän joukossaan kun Hänen asuinsijansa olisi valmis. Tämän tähden Israelin kansa maksoi pyhätön rakentamisen ilolla ja riemuiten.

Israelin kansa oli kärsinyt sorrosta ja orjatyöstä kauan aikaa ja tämän tähden he eivät halunneet mitään niin paljon kuin vapautta orjuudesta. Tämän johdosta Jumala käski heitä rakentamaan tabernaakkelin voidakseen asua kansansa joukossa sen jälkeen kun Hän oli vapauttanut heidät orjuudesta. Israelin kansalla ei ollut mitään syytä viivytellä tämän käskyn täyttämistä ja niin se rakennettiin nopeasti Israelin kansan riemullinen omistautuneisuus sen perusteena.

Heti tabernaakkelin sisäänkäynnin sisäpuolella on 'pyhättö' ja pyhätön jälkeen on 'kaikesta pyhin.' Tämä on kaikista pyhin paikka. Kaikesta pyhin pitää sisällään liiton arkin. Se että Jumalan Sanan sisällään pitävä liiton arkki toimii muistutuksena Jumalan läsnäolosta. Temppeli on Jumalan talona kokonaisuudessaan pyhä mutta kaikista pyhin on erikseen kaikista paikoista pyhin. Jopa ylipappi sai astua kaikesta pyhimpään vain kerran vuodessa uhratakseen Jumalalle Israelin kansan puolesta. Tavalliset ihmiset eivät voineet astua sen sisälle siksi että syntiset eivät voi koskaan astua Jumalan eteen.

Jeesuksen Kristuksen kautta me voimme kaikki kuitenkin astua Jumalan eteen. Matteus 27:50-51 sanoo: *"Niin Jeesus taas huusi suurella äänellä ja antoi henkensä Ja katso, temppelin esirippu repesi kahtia ylhäältä alas asti, ja maa järisi, ja kalliot halkesivat."* Kaikista pyhimmän ja meidän välillämme ollut verho repesi kahtia kun Jeesus uhrasi itsensä ristillä lunastaakseen meidät vapaaksi synneistämme.

Heprealaiskirje 10:19-20 sanoo tästä näin: *"Koska meillä*

siis, veljet, on luja luottamus siihen, että meillä Jeesuksen veren kautta on pääsy kaikkeinpyhimpään, jonka pääsyn hän on vihkinyt meille uudeksi ja eläväksi tieksi, joka käy esiripun, se on hänen lihansa, kautta." Verhon repeäminen kahtia Jeesuksen uhrin hetkellä viittää siihen että meidän ja Jumalan välillä seissyt synnin muuri on revitty maahan. Nyt kuka tahansa Jeesukseen Kristukseen uskova voi saada syntinsä anteeksi ja astua pyhän Jumalan eteen johtavalle polulle. Nyt me voimme kaikki olla lähellä Jumalaa toisin kuin ennen jolloin vain papit saattoivat astua Jumalan eteen.

3. Ilmestysmajan hengellinen merkitys

Mitä ilmestysmaja merkitsee meille tänä päivänä? Ilmestysmaja vastaa kirkkoa missä uskovat palvovat nykyään ja pyhättö on Herran vastaanottaneiden uskovien keho. Kaikista pyhin on taas meidän sydämemme missä Pyhä Henki asuu. 1. Kor. 6:19 sanoo: *"Vai etteko tiedä, että teidän ruumiinne on Pyhän Hengen temppeli, joka Henki teissä on ja jonka te olette saaneet Jumalalta, ja ettette ole itsenne omat?"* Me saimme Pyhän Hengen lahjaksi Jumalalta sen jälkeen kun me otimme Jeesuksen vastaan pelastajaksemme. Meidän sydämemme ja kehomme muodostavat siis pyhän temppelin koska Pyhä Henki asuu meissä.

1. Kor. 3:16-17 taas sanoo: *"Etteko tiedä, että te olette Jumalan temppeli ja että Jumalan Henki asuu teissä? Jos joku turmelee Jumalan temppelin, on Jumala turmeleva hänet; sillä*

Jumalan temppeli on pyhä, ja sellaisia te olette." Meidän täytyy pitää Jumalan näkyvä temppeli puhtaana ja pyhänä kaiken aikaa, ja samalla tavalla meidän tulee pitää meidän kehomme ja sydämemme puhtaana ja pyhänä kaiken aikaa Pyhän Hengen asuntoina.

Kohta sanoo että Jumala turmelee sen joka turmelee Hänen temppelinsä. Pyhä Henki tukahtuu jos henkilöstä on tullut Jumalan lapsi ja hän on ottanut Pyhän Hengen vastaan mutta tästä huolimatta jatkaa itsensä turmelemista. Tällöin tämän henkilön on vaikea tulla pelastetuksi. Me voimme saavuttaa täydellisen pelastuksen ja olla suorassa ja läheisessä yhteydessä Jumalaan vasta sitten kun pidämme Pyhän Hengen asuttaman temppelin ja meidän sydämemme pyhänä käyttäytymällä oikein.

Tämän tähden se että Jumala kutsui Moosesta ilmestymajasta merkitsee sitä että Pyhä Henki kutsuu meitä meidän sisältämme haluten olla meidän kanssamme yhteydessä. Pelastuksen saaneille Jumalan lapsille on luonnollista olla yhteydessä Isä Jumalan kanssa. Heidän pitää rukoilla Pyhää Henkeä sekä palvoa hengessä ja totuudessa Jumalan kanssa läheisessä yhteydessä ollen.

Vanhan testamentin aikaan ihmiset eivät pystyneet olemaan Jumalan kanssa yhteydessä syntiensä tähden. Vain ylipappi sai astua ilmestysmajan kaikesta pyhimpään ja antaa Jumalalle uhrin Israelin kansan puolesta. Nykyään jokainen Jumalan lapsi saa astua pyhättöön palvoakseen, rukoillakseen ja ollakseen yhteydessä Jumalaan. Tämä johtuu siitä että Jeesus Kristus on lunastanut meidät meidän synneistämme. Ottaessamme Jeesuksen Kristuksen vastaan Pyhä Henki muuttaa meidän sydämeemme ja pitää sitä kaikesta pyhimpänä. Tämän lisäksi Pyhä Henki kutsuu meitä sydämemme syvyyksistä haluten olla meidän kanssa yhteydessä aivan kuten Jumala kutsui Moosesta ilmestysmajasta. Pyhä Henki johdattaa meidät elämään totuudessa ja ymmärtämään Jumalaa sallimalla meidän kuulla sen ääntä ja ottaa vastaan sen ohjaus. Meidän pitää kuitenkin heittää pois kaikki synnit ja sydämessämme oleva pahuus voidaksemme tulla pyhittyneeksi ja kuullaksemme Pyhän Hengen ääni. Saavutettuamme pyhittymisen me pystymme kuulemaan Pyhän Hengen äänen selvästi ja me saamme runsaasti niin hengen kuin lihankin siunauksia.

4. Ilmestysmajan muoto

Ilmestysmajan muoto on erittäin yksinkertainen. Majan itäpuolella on noin yhdeksän metriä (noin 29.5 jalkaa) leveä portti. Ilmestysmajan pihalla on ensiksi pronssinen polttouhrien alttari. Tämän alttarin ja pyhätön välissä on allas jota käytetään seremonioihin. Tämän jälkeen tulee pyhättö sekä kaikista pyhin mikä on ilmestysmajan keskellä.

Pyhätöstä ja kaikista pyhimmästä muodostuva ilmestysmaja on neljä ja puoli metriä leveä,, kolmetoista ja puoli metriä pitkä sekä noin neljä ja puoli metriä korkea. Rakennelma seisoo hopeasta valmistettujen perustusten päällä ja sen seinät on

Ilmestysmajan rakenne

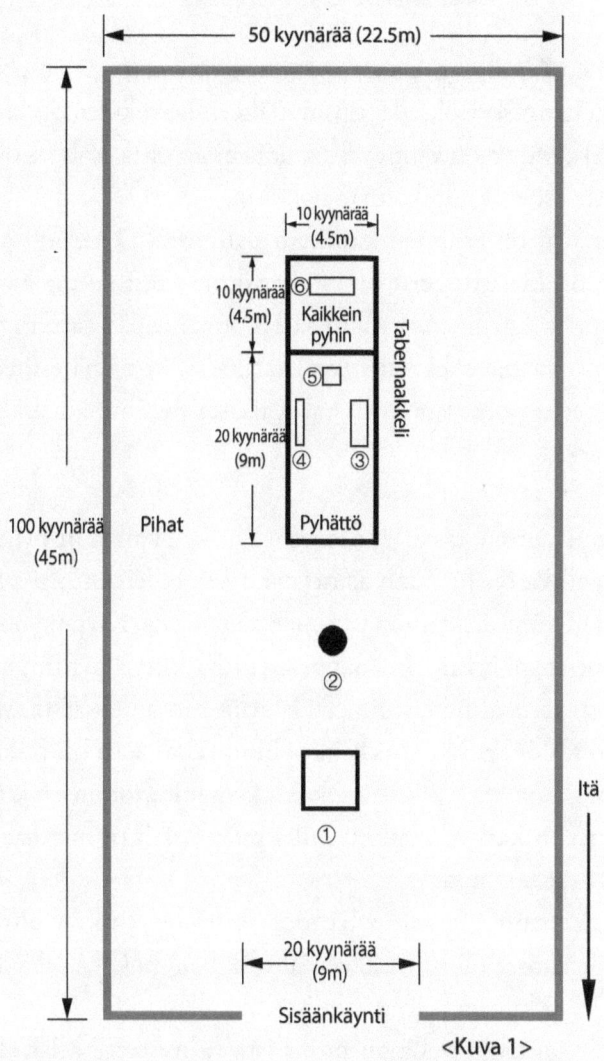

<Kuva 1>

Mitat
Pihat: 100 x 50 x 5 kyynärää
Sisäänkäynti: 20 x 5 kyynärää
Tabernaakkeli: 30 x 10 x 10 kyynärää
Pyhättö: 20 x 10 x 10 kyynärää
Kaikista pyhin: 10 x 10 x 10 kyynärää
(* 1 kyynärä = noin 17.7 tuumaa)

Esineet
① Polttouhrialttari
② Vaskiallas
③ Näkyleivän pöytä
④ Puhtaasta kullasta tehty lampunjalka
⑤ Suitsukealttari
⑥ Liiton arkki

rakennettu kullatuista akaasiapaaluista ja sen katto on peitetty neljällä kangaskerroksella. Ensimmäiseen kerrokseen on kirjattu kerubeja, toinen on valmistettu vuohenkarvoista, kolmas oinaan nahoista ja neljäs kilpikonnan nahoista. Pyhättö on erotettu kaikkein pyhimmästä verhon avulla mihin on kirjattu kerubeja. Pyhättö on kaksi kertaa kaikista pyhimmän kokoinen. Pyhätössä on pöytä leipää varten, teline lamppua varten sekä suitsukealttari. Kaikki nämä esineet on valmistettu puhtaasta kullasta. Kaikista pyhimmän sisällä on liiton arkki.

Ottakaamme tästä yhteenveto. Ensiksi, kaikkein pyhin oli pyhä paikka oli Jumalan asuttama missä pidettiin myös liiton arkkia mikä sijaitsi armon istuimen alapuolella. Kerran vuodessa sovituksen päivänä ylin pappi astui kaikkein pyhimpään ja pirskotti verta armon istuimelle Israelin kansan puolesta syntien sovitukseksi. Kaikki kaikkein pyhimmässä oleva oli puhdasta kultaa. Liiton arkin sisällä on kaksi kivitaulua joihin on kirjattu Kymmenen käskyä, ruukku mikä pitää sisällään mannaa sekä Aaronin versonut sauva.

Papit astuivat sisään pyhättöön missä he antoivat uhreja ja tässä pyhätössä oli suitsukkeen alttari, lampunjalka sekä leivän pöytä. Kaikki nämä olivat valmistettu kullasta.

Kolmanneksi, siellä on pronssista valmistettu allas. Tämä allas piti sisällään veden millä papit pesivät kätensä ja jalkansa ennen pyhättöön astumista tai ylipapit ennen kaikkein pyhimpään astumista.

Kuva

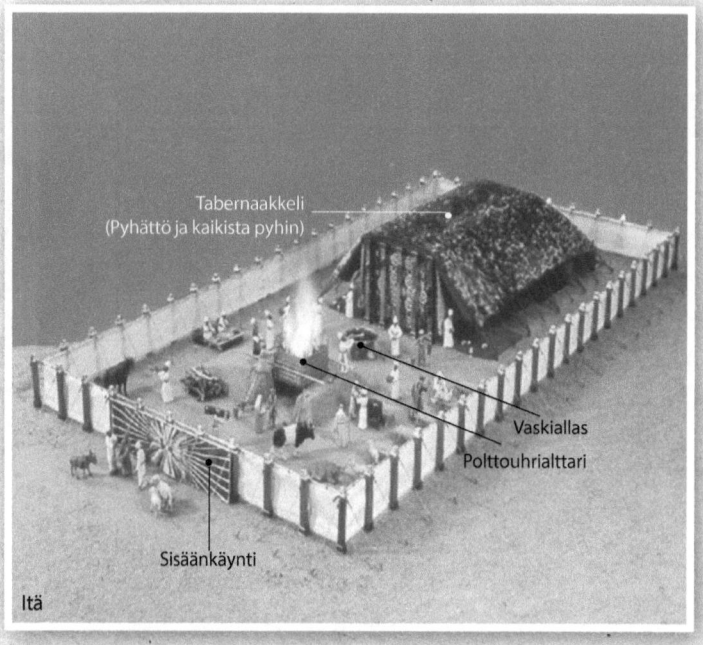

<Kuva 2>

Ilmestysmaja ylhäältäpäin katsottuna

Teltan pihalta löytyy polttouhrialttari (2. Moos. 30:28), vaskiallas (2. Moos. 30:18), sekä tabernaakkeli (2. Moos. 26:1, 36:8) ja pihojen yllä roikkuu pellavainen vaate. Tabernaakkelin itäpuolella on sen ainoa sisäänkäynti (2. Moos. 27:13-16), mikä symboloi Jeesusta Kristusta, ainoata ovea pelastukseen.

Kuva

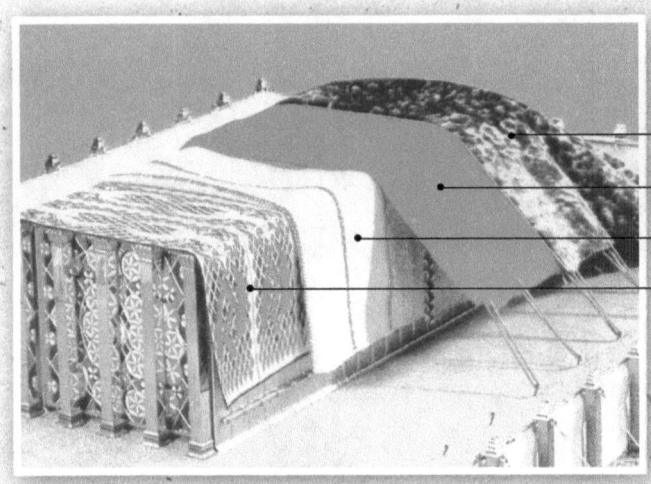

<Kuva 3>

Tabernaakkelin peitemateriaalit

Tabernaakkelin päällä on neljä peitemateriaalia.
Alimmaisena on verhoja joihin on kirjailtu kerubeja. Niiden päällä on vuohen karvoista tehdyt verhot. Niiden päällä on oinaiden nahkoja ja kaiken päällä on kilpikonnan nahkoja. Kuva 3 näyttää nämä peitteet niin että jokainen kerros näkyy erikseen. Ilman peitteitä näkyy pyhätön edessä olevat verhot sekä niiden takana oleva suitsukealttari sekä kaikkein pyhimmän verhot.

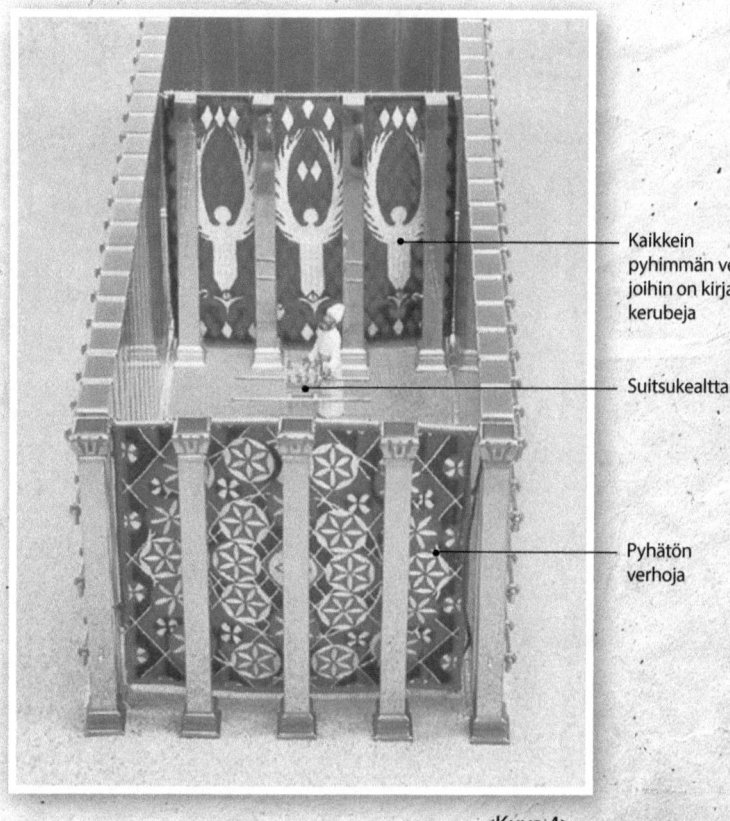

<Kuva 4>

Kaikkein pyhimmän verhot joihin on kirjailtu kerubeja

Suitsukealttari

Pyhätön verhoja

Pyhättö ilman peitteitä

Edessä näkyy pyhätön verhot ja niiden takana näkyy suitsukealttari sekä kaikkein pyhimmän verhot.

Kuva

<Kuva 5>

Tabernaakkelin sisäpuoli

Pyhätön keskellä on kullasta tehty lampunjalka (2. Moos. 25:31), näkyleivän pöytä (2. Moos. 25:30), ja sen perällä on suitsukealttari (2. Moos. 30:27).

Suitsukealttari

Näkyleivän pöytä

Lampunjalka

Kuva

<Kuva 9>

Kaikkein pyhimmän sisällä

Pyhätön perimmäinen muuri on poistettu jotta kaikkein pyhin näkyisi. Siellä näkyy Liiton arkki, armon istuin, sekä kaikkein pyhimmän verhot. Kerran vuodessa ylin pappi pukeutui valkoisiin vaatteisiin ja astui kaikkein pyhimpään pirskottaakseen verta syntiuhriksi.

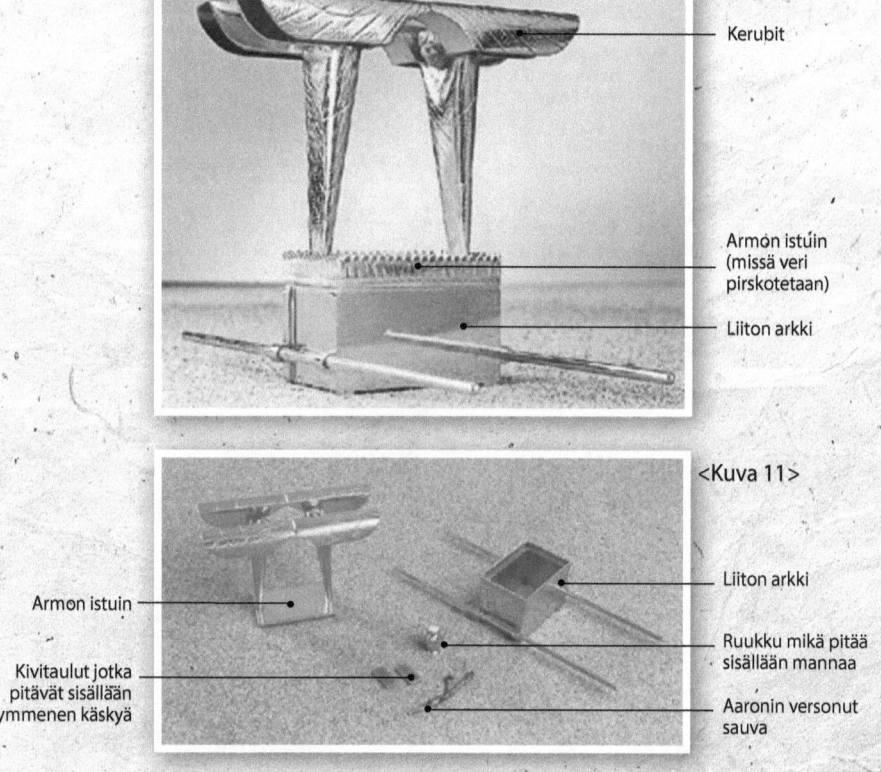

Liiton arkki sekä armon istuin

Kaikkein pyhimmän sisällä on puhtaasta kullasta valmistettu Liiton arkki, ja tämän päällä on armon istuin. Armon istuin viittaa Liiton arkin peitteisiin (2. Moos. 25:17-22). Kerran vuodessa täällä pirskotettiin verta. Armon istuimen molemmissa päissä on kerubi jonka siivet peittävät armon istumen (2. Moos. 25:18-20). Liiton arkin sisällä on kivitaulut joihin on kirjoitettu kymmenen käskyä, ruukku täynnä mannaa, sekä Aaronin versonut sauva.

Kuva

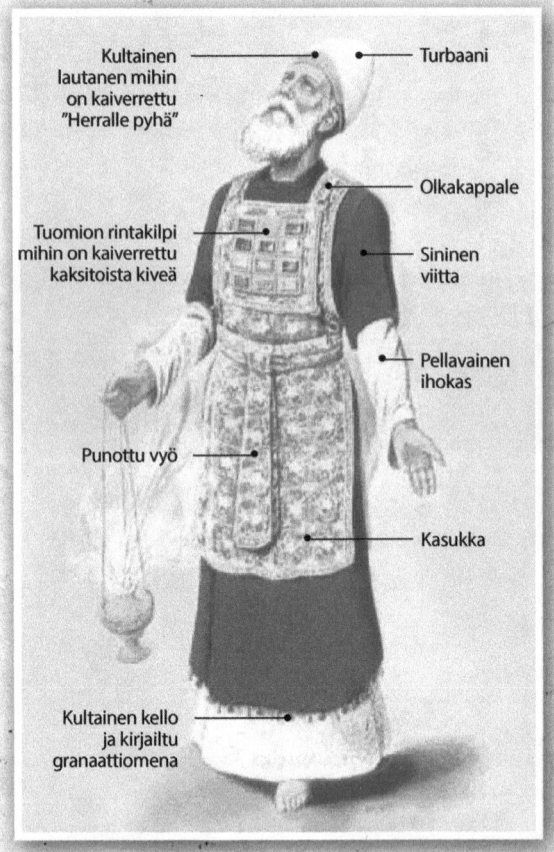

<Kuva 12>

Ylipapin vaatteet

Ylipapin vastuulla oli temppelin pitäminen ja kaikkien uhrien antamisen valvominen. Kerran vuodessa hän astui kaikkein pyhimpään antamaan Jumalalle uhrin. Kaikkien ylipapiksi tulevien tuli kantaa vaatteissaan uurim ja thummin. Nämä kaksi Jumalan tahdon etsimiseen käytettyä kiveä asetettiin papin kasukan päällä olevaan rintalevyyn. Uurim symboloi kirkkautta ja thummin täydellisyyttä.

Neljänneksi, polttouhrien alttari on valmistettu pronnsista ja se oli tarpeeksi luja kestämään tulta. Alttari tuli tuli Herralta kun ilmestysmajan rakentaminen päättyi (3. Moos. 9:24). Jumala käski myös että alttarin tulen piti palaa jatkuvasti, että se ei saanut koskaan sammua ja että sen päällä piti uhrata yksivuotinen lammas joka päivä (2. Moos. 29:38-43; 3. Moos. 6:12-13).

5. Härkien ja lampaiden uhrin hengellinen merkitys

Jakeessa 3. Moos. 1:2 Jumala sanoi Moosekselle: *"Puhu israelilaisille ja sano heille: Jos joku teistä tahtoo tuoda uhrilahjan Herralle, niin tuokaa uhrilahjanne karjasta, joko raavaista tai lampaista."* Palveluksen aikana Jumalan lapset antavat Hänelle erilaisia lahjoja. Kymmenysten lisäksi on olemassa myös kiitoksen, rakentamisen ja helpotuksen uhreja. Silti Jumala käskee että kaikkien Hänelle uhraavien on tuotava uhrinsa "karjasta." Tällä merkillä on hengellinen merkitys ja niin meidän ei pidä tehdä kirjaimellisesti mitä tämä jae käskee sillä meidän pitää ensin ymmärtää tämän kohdan hengellinen merkitys ja sitten tehdä niin kuin on Jumalan tahdon mukaista.

Mitä se että meidän pitää antaa uhri karjasta sitten merkitsee hengellisesti? Tämä tarkoittaa sitä että meidän tulee palvoa Jumalaa hengessä ja totuudessa sekä uhrata itsemme elävänä ja pyhänä uhrina. Tämä on hengellistä palvelusta (Room 12:1).

Meidän tulee olla aina valppaita rukouksessa ja käyttäytyä Jumalan edessä pyhällä tavalla sekä palvelusten aikana että jokapäiväisen elämämme aikana. Tällöin meidän palvontamme ja meidän uhrimme annetaan Jumalalle elävänä ja pyhänä uhrina ja Hän pitää tätä hengellisenä palveluksena.

Miksi Jumala käski Israelin kansaa uhraamaan Hänelle härkiä ja lampaita karjasta? Härät ja lampaat symboloivat Jeesusta josta on tullut ihmiskunnan pelastuksen rauhan uhri. Puhukaamme seuraavaksi härkien ja Jeesuksen välisistä yhtäläisyyksistä.

1) Härkä kantaa ihmisen taakat

Jeesus kantoi ihmisten synnit samalla tavalla kuin härkä kantaa ihmisten taakat. Matteus 11:28 kertoo kuinka Hän sanoi meille: *"Tulkaa minun tyköni, kaikki työtätekeväiset ja raskautetut, niin minä annan teille levon."* Ihmiset yrittävät tehdä kaikkensa saadakseen vaurautta, kunniaa, tietoutta, mainetta, arvovaltaa, vaikutusvaltaa sekä kaikkea muuta mitä he haluavat. Kaikenlaisten muiden taakkojen lisäksi ihminen kantaa myös synnin taakkaa eläen koettelemusten, vaikeuksien sekä piinan keskellä.

Jeesus otti nämä elämän taakat kantaakseen tulemalla uhriksi, vuodattamalla sovituksen veren ja tulemalla ristiinnaulituksi ristille. Herraan uskomisen kautta ihminen voi laskea kaikki vaikeutensa ja sekä synnin taakkansa sekä nauttia rauhasta ja levosta.

2) Härät eivät aiheuta ihmisille vaikeuksia vaan ainoastaan hyödyttävät heitä

Kuuliasesti ihmisille työskentelemisen lisäksi härät tuottavat ihmisille maitoa, lihaa sekä nahkoja. Kaikki härän osat ovat käyttökelpoisia sen päästä jalkoihin. Samalla tavalla myös Jeesus hyödytti ihmiskuntaa. Todistamalla taivaan evankeliumista köyhille, sairaille sekä hyljityille Hän antoi heille lohtua ja toivoa, löysäten pahuuden ketjuja sekä parantaen sairauksia ja heikkouksia. Jeesus teki kaikkensa opettaakseen Jumalan Sanaa jopa silloin kun Hän ei itse pystynyt syömään tai juomaan voidakseen pelastaa jokaisen mahdollisen sielun. Uhraamalla oman elämänsä ja tulemalla ristiinnaulituksi Jeesus avasi tien pelastukseen helvettiin menossa oleville syntisille.

3) Härät tarjoavat ihmisille ravintoa ruokkimalla heitä lihallaan

Jeesus antoi ihmisille Hänen lihansa ja verensä leiväksi. Jakeessa Joh. 6:53-54 Hän sanoi: *"Ellette syö Ihmisen Pojan lihaa ja juo hänen vertansa, ei teillä ole elämää itsessänne. Joka syö minun lihani ja juo minun vereni, sillä on iankaikkinen elämä, ja minä herätän hänet viimeisenä päivänä."*

Jeesus on maan päälle lihana saapunut Jumalan Sana. Tämän tähden Jeesuksen lihan syöminen ja veren juominen ovat Jumalan Sanan leivän syömistä ja sen mukaan elämistä. Ihminen elää syömällä ja juomalla, ja samalla tavalla me voimme saada ikuisen elämän ja päästä taivaaseen syömällä Jumalan Sanan leipää.

4) Härät auraavat maan ja muuttavat sen hedelmälliseksi maaksi

Jeesus jalostaa ihmisten sydämen maaperään. Matteuksen 13. luku pitää sisällään vertauskuvan minkä avulla Hän vertaa ihmisten sydäntä neljään erilaiseen maaperään: tien penkereeseen, orjantappuroihin, kiviseen peltoon sekä hyvään maaperään. Jeesus lunasti meidät kaikki synnistä ja niin Pyhä Henki valmistaa meidän sydämeemme asuinsijan ja antaa meille rohkeutta. Meidän sydämemme voivat muuttua hyväksi maaperäksi Pyhän Hengen avulla. Me luotamme Jeesuksen vereen minkä ansiosta me voimme saada kaikki meidän syntimme anteeksi ja kun me olemme tunnollisesti totuudelle kuuliaisia me meidän sydämemme muuttu rikkaaksi ja hyväksi maaperäksi ja me saamme hengen ja lihan siunauksia korjaten 30-, 60-, ja 100-kertaisesti mitä me olemme kylväneet.

Minkälaisia yhtäläisyyksiä sitten löytyy Jeesuksen ja lampaiden väliltä?

1) Lampaat ovat nöyriä
Puhuessamme nöyristä ja lempeistä ihmisistä me vertaamme heitä usein lampaisiin. Jeesus on kaikista ihmisistä lempein. Jesaja 42:3 puhuu Jeesuksesta näin: *"Särjettyä ruokoa hän ei muserra, ja suitsevaista kynttilänsydäntä hän ei sammuta. Hän levittää oikeutta uskollisesti."* Jeesus on kärsivällinen jopa

pahantekijöiden ja vinoutuneiden ihmisten kanssa sekä jopa sellaisten jotka ovat katuneet syntejään mutta silti jatkavat syntien tekemistä. Hän odottaa kärsivällisesti loppuun saakka että he kääntyisivät jälleen polultaan. Jeesus on Jumalan Poika ja Hänellä on valta tuhota koko ihmiskunta mutta tästä huolimatta Hän oli pitkämielinen ja osoitti rakkautensa jopa ihmisiä kohtaan jotka naulitsivat Hänet ristille.

2) Lammas on kuuliainen

Lammas seuraa nöyränä minne tahansa sen paimen sitä johdattaa ja pysyttelee rauhallisena jopa silloin kun sitä keritään. 2. Kor. 1:19 sanoo: *"Sillä Jumalan Poika, Kristus Jeesus, jota me, minä ja Silvanus ja Timoteus, olemme teidän keskellänne saarnanneet, ei tullut ollakseen 'on' ja 'ei', vaan hänessä tuli 'on.'"* Jeesus ei pitänyt kiinni omista mielipiteistään vaan pysytteli Jumalalle uskollisena kuolemaansa saakka. Koko elämänsä ajan Jeesus meni ainoastaan paikkoihin joihin Jumala Hänet johdatti eikä Hän tehnyt mitään muuta kuin mitä Jumala halusi Hänen tekevän. Lopulta Jeesus kantoi taakkansa loppuun saakka täyttääksen Isänsä tahdon vaikka Hän tiesi että tämä tulisi tuottamaa Hänelle tuskia ristillä.

3) Lammas on puhdas

Tässä lammas on yksivuotias karitsa joka ei ole vielä paritellut (2. Moos. 12:5). Tämänkaltaista lammasta voidaan verrata söpöön ja puhtaaseen nuoreen – tai tahrattomaan ja puhtaaseen Jeesukseen. Lampaat tuottavat ihmisille myös villaa, lihaa ja maitoa, eivätkä ne voi koskaan vahingoittaa ihmisiä vaan ne tuottavat meille vain hyötyä. Kuten jo aiemmin mainittiin, Jeesus uhrasi lihansa ja verensä antaen itsestään kaiken. Täydellisen uskollisena Isälleen Jeesus täytti Hänen tahtonsa ja tuhosi Jumalan ja syntisten välillä olevan synnin muurin. Jopa tänäkin päivänä Hän jalostaa meidän sydämiämme jatkuvasti niin että ne puuttuvat puhtaaksi ja hedelmälliseksi maaperäksi.

Henkilö sai syntinsä anteeksi Vanhant testamentin aikana härkien ja lampaiden uhrin kautta ja samalla tavalla Jeesus uhrasi itsensä ristillä saavuttaen näin ikuisen lunastuksen verellään (Hepr. 9:12). Jos me uskomme tämän olevan totta meidän pitää myös ymmärtää kuinka Jeesuksesta tuli tämän uhrauksen arvoinen niin että Jumala otti Hänen uhrinsa vastaan voidaksemme aina olla kiitollinen Jeesuksen rakkaudesta ja armosta yrittäen seurata Hänen esimerkkiään.

Luku 3

Polttouhri

"Pappi polttakoon kaiken alttarilla;
se on polttouhri,
suloisesti tuoksuva uhri Herralle."

3. Moos.1:9

1. Polttouhrin merkitys

Kaikista uhreista polttouhri mainitaan 3. Mooseksen kirjassa ensin ja se on kaikista uhreista vanhin. Polttouhri tarkoittaa etymologisesti "nousemisen sallimista." Polttouhri on uhri mikä asetetaan alttarille ja mikä poltetaan sen kokonaisuudessaan. Se symboloi ihmisen uhrausta, hänen omistautuneisuuttaan sekä vapaaehtoista palveluaan. Suloinen uhrieläimen tuoksu miellyttää Jumalaa ja se on kaikista uhreista yleisin. Polttouhri on merkki siitä että Jeesus kantoi meidän syntimme ja uhrasi itsensä kokonaan tullen näin suloiseksi uhriksi Jumalalle (Ef. 5:2). Jumalan miellyttäminen aromilla ei kuitenkaan tarkoita sitä että Jumala haistaisi uhrieläimen tuoksua. Tämä tarkoittaa sitä että hän ottaa vastaan Hänelle uhranneen henkilön sydämen aromin. Jumala tutkii kuinka paljon tämä henkilö pelkää Jumalaa ja minkälaisella rakkaudella hän Jumalalle uhraa. Tämän jälkeen Hän ottaa tämän uhraavan henkilön rakkauden ja omistautuneisuuden vastaan.

Jumalalle polttouhrina annettavan eläimen teurastus merkitsee Jumalalle itse elämän antamista ja kaikkien Hänen käskyjensä noudattamista. Toisin sanoen, polttouhrin hengellinen merkitys on Jumalan Sanan mukaan elämistä ja Hänelle meidän elämämme jokaisen osa-alueen uhraamista puhtaalla ja pyhällä tavalla.

Nykyajan termejä käyttäen tämä on sydämen ilmaisema lupaus antaa meidän elämämme Jumalalle Hänen tahtonsa mukaan ottamalla osaa palveluksiin pääsiäisenä, sadonkorjuun päivänä, helluntaina, jouluna ja joka sunnuntaina. Jumalan palvominen sunnuntaisin ja sapatin pyhittäminen toimivat todisteena siitä että me olemme Jumalan lapsia ja että meidän henkemme kuuluvat Hänelle.

2. Polttouhrin antaminen

Jumala käski että polttouhrin pitää olla virheetön uros, mikä symboloi täydellisyyttä. Hän haluaa uroksen sillä uroksia pidetään yleisesti naaraksia periaatteilleen uskollisempina. Urokset eivät muuta mieltään tai mene vasemmalta oikealle tai ole kavalia tai horjuvaisia. Se että Jumala haluaa virheettömän uhrin tarkoittaa sitä että meidän pitää palvoa Häntä hengessä ja totuudessa ilman että me palvoisimme Häntä murtuneella hengellä.

Meidän vanhempamme ottavat meidän antamamme lahjan iloisesti vastaan jos me annamme sen rakkaudella ja huolenpidolla. He eivät kuitenkaan ota sitä ilolla vastaan jos me annamme sen vastentahtoisesti. Samalla tavalla Jumala ei ota vastaan Hänelle ilottomasti tai väsyneesti, uneliaasti tai tyhjänpäiväisesti ajatellen annettua palvontaa. Hän ottaa meidän palveluksemme ilolla vastaan vasta sitten kun meidän sydämemme syvyys on täynnä toivoa taivaasta, kiitollisuutta pelastuksen armosta sekä rakkautta meidän Herraamme kohtaan. Vasta tällöin Jumala antaa meille tilaisuuden paeta kiusauksia sekä vaikeuksia, sallien meidän kukoistaa kaikessa mitä me teemme.

Jakeessa 3. Moos. 1:5 Jumala käski uhraamaan "mullikan" mikä viittaa nuoreen härkään mikä ei ole vielä paritellut. Hengellisesti se viittaa Jeesuksen puhtauteen. Tämän tähden tämä jae kertoo meille että Jumala haluaa meidän astuvan Hänen eteensä puhtaan ja vilpittömän sydämen kera kuin lapsi. Hän ei halua että me käyttäydymme lapsellisesti tai epäkypsästi vaan että me omaamme lapsen kaltaisen sydämen, eli yksinkertaisen, kuuliaisen ja nöyrän sydämen.

Nuoren härän sarvet eivät ole vielä kasvaneet ja niin se ei puske tai kanna sisällään pahuutta. Nämä piirteet kuvaavat myös Jeesusta joka on nöyrä ja lempeä. Jeesus Kristus on Jumalan tahraton ja täydellinen Poika, ja niin myös Häneen verratun uhrin pitää olla tahraton ja puhdas.

Jumala toruu Hänelle epäpuhtaita uhreja antanutta Israelin kansaa jakeissa Malakia 1:6-8 näin:

"Poika kunnioittakoon isää ja palvelija herraansa. Mutta jos minä olen isä, missä on minun kunnioitukseni? Ja jos minä olen Herra, missä on minun pelkoni? sanoo Herra Sebaot teille, te papit, jotka pidätte halpana minun nimeni. Mutta te sanotte: 'Miten me olemme pitäneet halpana sinun nimesi?' Siten, että tuotte minun alttarilleni saastutettua leipää. Mutta te sanotte: 'Miten me olemme sinut saastuttaneet?' Siten, että sanotte: 'Herran pöytä on halpana pidettävä.' Ja kun te tuotte uhriksi sokean

eläimen, niin se muka ei ole paha! Ja kun tuotte ontuvan ja sairaan, niin se muka ei ole paha! Vie se maaherrallesi: mielistyykö hän sinuun, ja onko hän sinulle suosiollinen? sanoo Herra Sebaot."

Meidän pitää antaa Jumalalle tahratonta, nuhteetonta ja täydellistä uhrausta palvomalla Häntä hengessä ja sielussa.

3. Erilaisten uhrien merkitys

Jumalan armo ja oikeudenmukaisuus näkevät ihmisen sydämen. Jumala ei ole kiinnostunut vain henkilön uhrin koosta tai arvosta vaan siitä kuinka paljon huolta tämä henkilö on uskossaan kantanut olosuhteissaan. Jumala sanoo jakeessa 2. Kor. 9:7 näin: *"Antakoon kukin, niinkuin hänen sydämensä vaatii, ei surkeillen eikä pakosta; sillä iloista antajaa Jumala rakastaa."* Jumala ottaa ilolla vastaan sen mitä me ilolla Hänelle olosuhteissamme annamme.

3. Moos. ensimmäisessä luvussa Jumala selittää yksityiskohtaisesti kuinka mullikat, lampaat, vuohet ja linnut pitää uhrata. Virheettömät mullikat ovat Jumalalle sopivimpia polttouhreja mutta kaikilla ihmisillä ei ole kuitenkaan varaa ostaa mullikoita. Tämän tähden Jumala myötätunnossaan salli ihmisten uhraavan Hänelle lampaita, vuohia ja kyyhkysiä ihmisten olosuhteiden mukaisesti. Mikä on tämän hengellinen merkitys?

1) Jumala ottaa vastaan Hänelle annetut uhrit ihmisten kykeneväisyyden mukaan

Ihmisten taloudellinen tilanne ja olosuhteet vaihtelevat henkilöstä toiseen. Pienellä osalla ihmisistä voi olla suurikin omaisuus muihin verrattuna. Tästä syystä Jumala ottaa ilolla vastaan Hänelle uhratut lampaat, vuohet ja kyyhkyset kun niitä uhrataan Hänelle ihmisten olosuhteiden mukaisesti. Tämä on Jumalan oikeudenmukaisuutta sekä rakkautta jonka mukaan Hän sallii jokaisen, niin rikkaan kuin köyhänkin, ottaa osaa Hänen palvontaansa sen mukaan mihin he kykenevät.

Jumala ei kuitenkaan ota ilolla vastaan vuohta henkilöltä joka olisi voinut antaa Hänelle härän. Jumala kuitenkin mielistyy suuresti siitä että joku antaa Hänelle härän vaikka heillä olisikin ollut varaa vain lampaaseen. Jumala sanoo että hän tuntee suloisen aromin siitä huolimatta onko kyseessä mullikka, lammas vuohi tai kyyhkynen (3. Moos. 1:9, 13, 17). Tämä tarkoittaa sitä että Jumala katsoo ihmisen sydämeen ja niin sillä ei ole väliä vaikka me annamme erilaisia uhreja olosuhteidemme tähden koska kaikki nämä uhrit tuoksuvat suloisesti.

Mark. 12:41-44 kuvaa kohtauksen missä Jeesus kehuu köyhää leskeä tämän antaman uhrin tähden. Lesken antamat kaksi ropoa olivat pienin rahayksikkö tuohon aikaan mutta hänelle nämä kaksi ropoa oli kaikki mitä hänellä oli. Uhrin pienestä koosta huolimatta tämä on Jumalalle suuren ilon aihe jos me annamme sen Jumalalle kykyjemme mukaisesti ja ilolla.

2) Jumala hyväksyy palvonnan henkilöiden älykkyyden mukaisesti

Se kuinka me ymmärrämme ja otamme vastaan kuulemaamme Jumalan Sanaa riippuu meidän älykkyydestämme, koulutuksestamme sekä tietoudestamme. Jopa saman palveluksen aikana vähemmän älykkäät ja vähemmän aikaa Jumalan Sanaa opiskelleet ymmärtävät kuulemaansa sanomaa vähemmän verrattuna heitä älykkäämpiin ja enemmän opiskelleisiin jäseniin. Jumala tietää tämänä ja sen tähden Hän haluaa jokaisen palvovan Häntä oman älykkyytensä mukaisesti sydämensä pohjasta sekä ymmärtävän ja elävän Jumalan Sanan mukaisesti kykyjensä mukaisesti.

3) Jumala hyväksyy palvonnan henkilöiden iän ja terävyyden mukaisesti

Ihmisten ikääntyessä heidän muistinsa ja ymmärryksensä huononevat. Tämän tähden monet vanhemmat ihmiset eivät pysty ymmärtämään Jumalan Sanaa. Jumala kuitenkin tuntee kaikkien ihmisten olosuhteet ja Hän ottaa myös vanhojen ihmisten palvonnan ilolla vastaan kun tämä tapahtuu vilpittömästä sydämestä.

Meidän pitää muista että Jumalan voima auttaa henkilöä joka palvoo Häntä Pyhän Hengen avulla siitä huolimatta että tämä henkilö voi kenties olla vähemmän älykäs tai vanha. Pyhän Hengen avulla Jumala auttaa näitä ihmisiä ymmärtämään Sanaa ja tekemään siitä heidän leipäänsä. Älä siis anna periksi sanoen "Minä en ole tarpeeksi" tai "Minä olen yrittänyt mutta en kuitenkaan pysty tähän" vaan pidä huolta siitä että kaikki mitä sinä yrität on peräisin sydämesi pohjasta ja etsi Jumalan voimaa. Meidän rakkauden Jumalamme ottaa mielellään Hänelle henkilön iän ja kykeneväisyyden sekä hänen olosuhteidensa mukaan annetun palvonnan. Tästä syystä Hän on kirjannut toiseen Moosekseen kirjaan ykistyiskohtaisesti mitä polttouhrit ovat ja julistanut Hänen oikeudenmukaisuuttaan.

4. Härän uhri (3. Moos. 1:3-9)

1) Virheettömät raavaat telttakokouksen oviaukossa
Tabernaakkelin sisällä sijaitsevat pyhättö sekä pyhistä pyhin. Vain pappi saattoi astua sisälle pyhättöön ja ainoastaan korkein pappi sai astua kaikkein pyhimpään kerran vuodessa. Tämän tähden tavalliset ihmiset jotka eivät saaneet astua pyhättöön saivat antaa raavaiden polttouhreja telttakokouksen oviaukossa.

Jeesus on kuitenkin tuhonnut synnin muurin joka seisoi meidän ja Jumalan välillä ja niin me voimme nyt olla suorassa ja läheisessä liitossa Jumalan kanssa. Vanhan testamentin aikoina ihmiset antoivat uhrinsa teltan oviaukossa teoillaan. Pyhä Henki on kuitenkin tehnyt meidän sydämistämme Hänen temppelinsä siinä asuen ja meidän kanssa liitossa ollen, ja niin me Uuden testamentin ajoissa elävät olemme saaneet oikeuden astua suoraan Jumalan eteen kaikkein pyhimmässä.

2) Käsien laskeminen polttouhrin pään päälle synnin merkiksi sekä teurastaminen

Jakeesta 3. Moos. 1:4 alkaen me voimme lukea: *"Ja hän laskekoon kätensä polttouhriteuraan pään päälle; niin se on oleva otollinen ja tuottava hänelle sovituksen. Ja hän teurastakoon mullikan Herran kasvojen edessä."* Käsien laskeminen polttouhrin päälle symboloi syntien siirtämistä poltouhrin päälle ja vasta tämän jälkeen Jumala antaa synnit anteeksi polttouhrin veren kautta.

Käsien laskeminen synnin merkitsemisen lisäksi symboloi myös siunauksia sekä voitelua. Me tiedämme että Jeesus laski kätensä henkilön päälle siunatessaan lapsia tai parantaessaan sairaita sairauksista tai heikkouksista. Apostolit jakoivat Pyhää Henkeä laskemalla kätensä ihmisten päälle ja näiden ihmisten lahjat kasvoivat yhä entisestään. Käsien laskeminen merkitsee myös jonkin antamista Jumalalle. Pastorien laskiessa kätensä eri uhrien päälle tämä on merkki siitä että ne on annettu Jumalalle.

Palvelusten lopussa pidetyn siunauksen tai rukouskokouksen tai palveluksen päättämisen Isä Meidän rukouksella tarkoituksena on se että Jumala ottaisi nämä palvelukset ja kokoukset ilolla vastaan. 3. Moos. 22-24 kuvaa kuinka ylin pappi Aaron *"kohotti kätensä kansaa kohti ja siunasi heidät"* annettuaan Jumalalle polttouhrit Jumalan ohjeiden mukaisesti. Jumala suojelee meitä paholais-viholliselta sekä Saatanalta kun me pyhitämme lepopäivän ja päätämme palveluksen siunauksella. Hän myös suojelee meitä kiusauksilta sekä vaikeuksilta ja sallii meidän nauttia ylitsevuotavista siunauksista.

Mikä virheettömän raavaan uhraamisen merkitys polttouhrina sitten on? Synnin palkka on kuolema ja niin ihmiset uhrasivat eläimiä omasta puolestaan. Raavas joka ei ole vielä paritellut on yhtä ihana kuin pieni lapsi. Jumala halusi jokaisen polttohrin antavan uhraavan sen viattoman lapsen sydämellä ja olevan tekemättä enää koskaan syntiä. Tämän saavuttamiseksi Hän halusi jokaisen katuvan syntejään.

Apostoli Paavali oli hyvin tietoinen siitä mitä Jumala halusi ja tämän tähden hän sanoi olevansa kuoleman kidassa päivittäin jopa senkin jälkeen kun hän oli saanut syntinsä anteeksi ja ottanut vastaan vallan ja voiman Jumalan lapsena. Hän tunnusti jakeessa 1. Kor. 15:31 näin: *"Joka päivä minä olen kuoleman kidassa, niin totta kuin te, veljet, olette minun kerskaukseni Kristuksessa Jeesuksessa, meidän Herrassamme"* sen tähden että me voimme uhrata kehomme pyhänä ja elävänä uhrina Jumalalle vasta stten kun me olemme heittäneet pois kaiken Jumalan vastaisen, kuten esimerkiksi epätotuuden, ylpeyden, ahneuden, omien ajatustemme muodostavat ajatusten puitteet, hurskastelun sekä kaiken muun pahuuden.

3) Pappi pirskottaa veren alttarin ympärille

Kun henkilön synneille merkitty raavas on uhrattu, pappi pirskottelee veren teltan oviaukon luona olevan alttarin ympärille. Tämä tapahtuu sen tähden mitä 3. Moos. 17:11 sanoo *"Sillä lihan sielu on veressä, ja minä olen sen teille antanut alttarille, että se tuottaisi teille sovituksen; sillä veri tuottaa sovituksen, koska sielu on siinä."* Very symboloi elämää. Tästä syystä Jeesus vuodatti verensä lunastaakseen meidän syntimme. Alttarin ympärys symboloi itää, länttä, pohjoista sekä etelää, tai yksinkertaisesti 'mihin tahansa ihminen voi mennä.' Veren pirskottelu alttarin ympärille tarkoittaa sitä että ihmisen synnit annetaan anteeksi missä tahansa hän sitten kulkeekin. Tämä tarkoittaa sitä että me saamme syntimme anteeksi sekä ohjeita siitä mihin suuntaan Jumala meidän haluaa kulkevan ja mitä meidän pitää välttää.

Sama pätee myös tänäkin päivänä. Alttari on saarnatuoli mistä Jumalan Sanaa saarnataan ja palvelusta johtava Herran palvelija toimii verta pirskottavan papin roolissa. Palvelusten aikana me kuulemme Jumalan Sanaa ja me saamme anteeksi kaiken mitä me olemme tehneet Jumalaa vastaan uskossamme ja Meidän Herramme veren vahvistamana. Saatuamme syntimme veren kautta anteeksi meidän pitää kulkea missä Jumala haluaa meidän kulkevan välttääksemme koskaan tekemästä enää syntiä.

4) Polttouhrin nylkeminen ja paloittelu

Polttouhriksi tarjotun eläimen pitää ensin tulla nyljetyksi ja sitten kokonaan poltetuksi. Eläinten nahka on sitkeää eikä se pala helposti, ja niin ne haisevat pahalle kun niitä poltetaan. Tämän tähden eläimet täytyy ensin nylkeä jotta ne tuoksuisivat hyvälle. Mihin tämän päivän palvonnan osa-alueeseen tätä voidaan verrata?

Jumala aistii Häntä palvovan henkilön aromin eikä Hän

hyväksy mitään mikä ei tuoksu suloiselle. Jotta meidän palveluksemme olisi Jumalalle suloisen tuoksuista meidän pitää heittää pois maailman tahraamat asiat ja astua Jumalan eteen pyhänä. Meidän elämämme aikana me kohtaamme paljon asioita jotka eivät itsessään ole Jumalan edessä syntisiä mutta joita ei kuitenkaan voida pitää myöskään jumalallisena tai pyhänä. Tämänkaltaiset meissä ennen Kristuksessa elämistä olleet asiat voivat yhä löytyä meidän sisältämme esimerkiksi turhamaisuuden ja kehuskelun muodossa.

On esimerkiksi ihmisiä jotka menevät usein markkinoille tai tavarataloihin ikkunaostoksille niin että he ostavat tavaroita säännöllisesti. Toiset ovat riippuvaisia televisiosta tai videopeleistä. Me kasvamme pois Jumalan rakkaudesta jos meidän sydämemme täyttyvät tämänkaltaisilla asioilla.

Tutkiskellessamme itseämme me löydämme myös maailman tahraamia epätotuuksia sekä Jumalan edessä epätäydellisiä olevia asioita. Voidaksemme olla Jumalan edessä täydellisiä meidän pitää heittää kaikki nämä asiat pois. Astuessamme Hänen eteensä palvomaan meidän pitää ensin katua kaikkia meidän elämämme maailmallisia osa-alueita, ja meidän sydäntemme täytyy tulla jumalallisemmiksi ja pyhemmiksi.

Syntisen, epäpuhtaan ja epätäydellisten maailmallisten asioiden katuminen ennen palveluksen alkamista vastaa polttouhrin nylkemistä. Voidaksemme tehdä näin meidän pitää valmistaa sydämemme niin että ne ovat sopivia palveluksen aloittamiseen. Pidä huolta siitä että sinä uhraat Jumalalle kiitosrukouksen sen johdosta että Hän on antanut sinulle kaikki sinun syntisi anteeksi ja suojellut sinua, ja uhraa myös katumuksen rukous tutkiskellessasi itseäsi.

Jumala antoi ihmisille heidän syntinsä ja tekonsa anteeksi heidän uhratessa Hänelle nyljettyjä, paloiteltuja ja poltettuja eläimiä. Hän myös salli pappien käyttää näiden eläinten nahkoja niinkuin he halusivat. Tämä paloittelu viittaa eläinten pään, jalkojen, kylkien ja kankun erottelua sekä sen sisälmysten erittelemistä.

Tarjotessamme meitä vanhemmille ihmisille vesimelonia tai omenoita me emme anna niitä heille kokonaisina vaan me kuorimme nämä hedelmät ja yritämme saada ne näyttämään mahdollisimman hyvältä. Samalla tavalla uhratessamme Jumalalle me emme uhraa Hänelle koko uhria vaan me järjestämme sen siististi.

Mitä uhrin paloitteleminen sitten merkitsee hengellisesti?

Ensinnäkin, Jumalalle uhratut palvonnat voidaan jakaa eri kategorioihin. On sunnuntain aamu- sekä iltapalveluksia, keskiviikon iltapalveluksia sekä perjantain koko yön palveluksia. Palveluksien jakaminen vastaa näiden uhrien paloittelua.

Toisekseen, rukouksen sisällön jakaminen vastaa uhrien paloittelua. Yleisesti ottaen rukous jaetaan katumiseen ja pahojen henkien pois ajamiseen sekä kiitollisuuden rukoukseen. Tämän jälkeen se vaihtuu kirkollisiin aiheisiin; pyhätön rakentamiseen; pappien ja kirkon työntekijöiden puolesta rukoilemiseen;

velvollisuuksien täyttämiseen; sielun kukoistamiseen; sydämen haluihin sekä rukouksen päätökseen.

Me voimme tietenkin rukoilla kulkiessamme kadulla, ajaessamme autoa tai kun me pidämme taukoa. Ajoittain me voimme rukoilla hiljaa ajatellessamme Jumalaa. Pidä mielessäsi että on tärkeää että me käymme läpi rukousten aiheita yksi kerrallaan sillä se on kuin uhrin paloittelua. Tällöin Jumala ottaa sinun rukouksesi ilolla vastaan ja vastaa sinulle nopeasti.

Kolmanneksi, uhrin paloittelu tarkoittaa että Jumalan Sana on 66 kirjaan jaettu kokonaisuus. Raamatun 66 kirjaa selittävät yhdessä elävästä Jumalasta sekä pelastuksesta Jeesuksen Kristuksen kautta. Jumalan Sana on kuitenkin jaettu yksittäisiin kirjoihin ja näissä kirjoissa oleva sanoma on täysin ilman ristiriitaa. Jumalan Sana on jaettu eri kategorioihin ja niin Hänen tahtonsa välittyy meille systemaattisesti niin että meidän on helpompi tehdä siitä meidän leipäämme.

Neljänneksi, uhrin paloittelu viittaa siihen että palvelus jaetaan eri osiin ja että se koostuu eri osista. Alussa lausuttua katumuksen rukousta seuraa ensimmäinen osa, eli lyhyt mietiskely joka valmistaa ja aloittaa palveluksen. Palvelus päättyy Isä Meidän rukoukseen tai siunaukseen. Näiden väliin mahtuu Jumalan Sanan julistamisen lisäksi myös välirukous, ylistystä, Sanan lukemista, uhrausta sekä muita osia. Jokainen prosessi pitää sisällään oman merkityksensä ja tietyn järjestyksen mukaan palvominen vastaa polttouhrin paloittelua.

Polttouhrin kaikkien osien polttaminen päättää polttouhrin antamisen ja samalla tavalla meidän pitää omistaa itsemme kokonaan palvelukselle sen alusta loppuun saakka. Osanottajien ei pidä saapua paikalle myöhässä tai huolehtia sen aikana omista asioistaan ellei tämä ole täysin välttämätöntä. Osan täytyy huolehtia tietyistä kirkon velvollisuuksista kuten vapaaehtoistoiminnasta tai vahtimestarin velvollisuuksista ja näissä olosuhteissa on mahdollista poistua paikaltaan etuajassa. Ihmiset saattavat haluta ottaa osaa keskiviikkoillan palvelukseen tai perjantain yöpalvelukseen saapuen kuitenkin olosuhteiden pakosta paikalle myöhässä. Tästä huolimatta Jumala katsoo heidän sydämeensä ja ottaa vastaan heidän palvontansa aromin.

5) Pappi sytyttää tulen alttarille ja panee halkoja tuleen

Paloiteltuaan uhrin palasiksi papin pitää asetella nämä palat alttarille ja sytyttää ne tuleen.

Tämän tähden pappia käsketään sytyttämään tulen alttarille ja panemaan halkoja tuleen. Tässä tuli symboloi Pyhän Hengen tulta ja tulessa olevat halot viittaavat Raamatun sisältöön ja yhteyteen. Jokainen Raamatun 66 kirjassa olevaa sanaa käytetään polttopuuna. Halkojen paneminen tuleen tarkoittaa hengellisesti sitä että me teemme jokaisesta Raamatun sanan sisällöstä elämän leipää Pyhän Hengen tekojen säestyksellä.

Esimerkiksi Luukaksen jakeessa 13:33 Jeesus sanoo: *"Ei sovi, että profeetta saa surmansa muualla kuin Jerusalemissa."* Tämän jakeen ymmärtäminen kirjaimellisesti on ajan hukkaa simmä tiedämme että moni Jumalan mies, kuten esimerkiksi apostolit Paavali ja Pietari, kuolivat muualla kuin Jerusalemissa. Tässä jakeessa Jerusalem ei kuitenkaa viittaa fyysiseen kaupunkiin vaan kaupunkiin joka kantaa Jumalan sydäntä ja tahtoa, mikä on "hengellinen Jerusalem", mikä on puolestaan "Jumalan Sana." Täten tämä jae tarkoittaa sitä että profeetta elää ja kuolee Jumalan Sanan varjossa.

Me voimme ymmärtää mitä me luemme Raamatusta sekä kuulemaamme saarnaa ainoastaan Pyhän Hengen avulla. Jokainen osa Jumalan Sanaa mikä on ihmisille vaikea ymmärtää voidaan ymmärtää Pyhän Hengen avulla ja niin me voimme uskoa Sanaan sydämemme pohjasta. Me voimme siis kasvaa hengellisesti vasta sitten kun me olemme ymmärtäneet Jumalan Sanaa Pyhän Hengen tekojen ja avustuksen kautta niin että me olemme saaneet ottaa vastaan Jumalan sydämen sallien sen juurtua sydämeemme.

6) Kappaleiden sekä pään ja rasvan asetteleminen alttarilla tulessa olevien halkojen päälle

3. Moos. 1:8 sanoo: *"Ja papit, Aaronin pojat, asettakoot kappaleet ynnä pään ja rasvan halkojen päälle, jotka ovat tulessa alttarilla."* Papin tulee siis asetella leikatut palat alttarille uhrin pää ja rasva mukaanlukien.

Uhrin pään polttaminen symboloi kaikkien meidän päästä virtaavien epätotuuden ajatusten polttamista. Tämä johtuu siitä että meidän ajatuksemme ovat peräisin meidän päästämme ja siitä että suurin osa synneistä on peräisin meidän päästämme. Tämän maailman ihmiset eivät tuomitse ketään syntiseksi jos henkilön synti ei tule esiin hänen tekojensa kautta. 1. Joh. 3:15 kuitenkin sanoo että jokainen veljeään vihaava on murhaaja, ja niin Jumala kutsuu vihan sisällä kantamista synniksi. Jeesus lunasti meidät meidän synneistämme yli 2000 vuotta sitten. Hän on lunastanut meidät sekä meidän käsillä ja jaloilla tekemistämme synneistä että meidän päällä tekemistämme synneistämme. Jeesus naulittiin Hänen käsistään ja jaloistaan jotta Hän voisi lunastaa meidät meidän käsiemme ja jalkojemme kautta tehdyistä synneistä. Hän kantoi päässään piikkikruunua lunastaakseen meidät meidän päämme kautta tehdyistä synneistä. Me olemme saaneet anteeksi ajatustemme kautta tehdyt synnit ja niin meidän ei tarvitse enää uhrata Jumalalle eläimen päätä. Eläimen pään sijaan meidän pitää polttaa ajatuksemme Pyhän Hengen tulella ja me voimme tehdä tämän heittämällä pois epätotuuden ajatuksia sekä ajattelemalla totuuden ajatuksia kaiken aikaa.

Me emme enää kanna sisällämme epätotuuden tai turhuuden ajatuksia jos me ajattelemme kaiken aikaa totuutta. Pyhä Henki johdattaa ihmisiä heittämään pois turhuuden ajatukset, keskittymään sanomaan sekä kaivertamaan tämän sanoman sydämeemme palveluksen aikana, ja niin me voimme uhrata Jumalalle Hänen hyväksymää hengellistä palvontaa.

Lisäksi tässä rasva, eli eläimen kova rasva, on energian sekä itse elämän lähde. Jeesuksesta tuli uhri jopa oman verensä vuodattamiseen saakka. Uskoessamme Jeesukseen meidän Herranamme meidän ei tarvitse enää uharata Jumalalle eläinten rasvaa.

Silti Herraan uskominen ei täyty pelkästään sillä että me tunnustamme huulillamme että "minä uskon." Jos me todella uskomme että Herra on lunastanut meidät meidän synneistämme meidän pitää heittää pois meidän syntimme, tulla Jumalan Sanan muuttamaksi ja elää pyhää elämää. Jopa palvonnan aikana meidän pitää käyttää kaikki energiamme – meidän kehoamme, sydäntämme sekä tahtoamme – ja uhrata Jumalalle hengellistä palvelusta uhrina. Kaiken energiansa palvelukseen tuova henkilö ei säilö Jumalan Sanaa päässään vaan saavuttaa sen myös sydämessään. Jumalan Sanasta voi tulla elämä, voima sekä hengellinen ja lihallinen siunaus vasta sitten kun henkilön sydän on täynnä tätä Sanaa.

7) Pappi pesee sisälmykset ja jalat vedellä ja polttaa kaiken uhrina

Jumala käskee että toisin kuin muut osat jotka uhrataan Hänelle sellaisenaan, eläimen epäpuhtaat osat, jalat ja sisälmykset, pitää pestä vedellä ennen niiden uhraamista. Vedellä peseminen viittaa epäpuhtauksien pesemiseen uhrin antajasta. Mitä epäpuhtaisuuksia sitten on pestävä pois? Vanhan testamentin aikana ihmiset pesivät epäpuhtauksia uhreista mutta Uuden testamentin aikana meidän pitää pestä epäpuhtauksia meidän sydämestämme.

Matteuksen 15. luku kertoo kuinka fariseukset ja kirjanoppineet toruivat Jeesuksen opetuslapsia siitä että he söivät epäpuhtain käsin. Jeesus sanoi heille näin: *"Ei saastuta ihmistä se, mikä menee suusta sisään; vaan mikä suusta käy ulos, se saastuttaa ihmisen"* (jae 11). Suusta sisään menevä poistuu ulosteena. Sydämestä kumpuavat asiat eivät kuitenkaan katoa. Jeesus jatkoi jakeissa 19-20 näin: *"Sillä sydämestä lähtevät pahat ajatukset, murhat, aviorikokset, haureudet, varkaudet, väärät todistukset, jumalanpilkkaamiset. Nämä ihmisen saastuttavat; mutta pesemättömin käsin syöminen ei saastuta ihmistä."* Meidän pitää siivota synti ja pahuus sydämestämme Jumalan Sanan avulla.

Mitä suuremmassa määrin Jumalan Sana täyttää sydämemme sitä enemmän synti ja pahuus siitä eliminoituu meistä meidät puhdistaen. Viha esimerkiksi eliminoituu jos henkilö valmistaa elämän leipää ja elää sen mukaisesti. Nöyryyden leipää valmistavan ylpeys korvautuu nöyryydellä. Totuuden leipää valmistava henkilö saa vääryyden ja kavaluuden katoamaan. Mitä enemmän totuuden leipää me valmistamme ja mitä suuremmassa määrin me sen mukaan elämme, sitä enemmän syntistä luonnettamme me pystymme heittämään pois. Meidän uskomme luonnollisesti kasvaa vakaasti ja saavuttaa Kristuksen täyteyden mitan. Jumalan valta ja voima seuraavat meitä meidän uskomme mitan mukaisesti. Me emme saa vain sitä mitä meidän sydämemme toivoo vaan me saamme myös kokea siunauksia jokaisella elämämme alueella.

Sisälmykset ja jalat levittävät suloista aromia vasta sitten kun ne on pesty ja asettetu tuleen. 3. Moos 1:9 sanoo että täm on *"suloisesti tuoksuva uhri Herralle."* Antaessamme Jumalalle hengellistä palvontaa hengellisen palveluksen muodossa hengessä ja totuudessa tämä palvonta on Jumalaa miellyttävä polttouhri mikä antaa meille vastauksia. Meidän palvova sydämemme on Jumalan edessä suloinen aromi ja jos tämä miellyttää Häntä Hän antaa meille vaurautta jokaisella elämämme alueella.

5. Lampaiden tai vuohien uhraaminen (3. Moos. 1:10-13)

1) Nuori urospuolinen ja virheetön lammas tai vuohi

Kuten jo aiemmin mainitut härät, niin myöskin lampaiden ja vuohien pitää olla virheettömiä. Hengellisesti virheettömän uhrin antaminen viittaa Jumalan edessä palvomiseen täydellisen ja kiitollisuuden ja ilon täyttämän sydämen kanssa. Jumalan käsky siitä että miespuolisen eläimen pitää toimia uhrina merkitsee vankkumattomalla sydämellä palvomista. Itse uhri voi vaihdella henkilön taloudellisen tilanteen mukaan mutta sen uhraavan henkilön asenteen täytyy olla aina pyhä ja täydellinen itse uhrista riippumatta.

2) Uhri tulee teurastaa alttarin pohjoispuolella ja pappi pirskottelee sen veren alttarin neljälle seinälle

Veren pirskotteleminen alttarin ympärille tarkoittaa syntien anteeksiantoa missä tahansa henkilö sitten onkin – idässä, lännessä, pohjoisessa ja etelässä. Jumala sallii Hänelle uhratun eläimen veren sovittaa ihmisen synnit tämän puolesta.

Miksi Jumala sitten käskee että uhri pitää teurastaa alttarin pohjoispuolella? Hengellisesti pohjoinen symboloi kylmyyttä ja pimeyttä. Se on ilmaisu mitä käytetään usein kun Jumala kurittaa tai toruu jotakuta johon Hän ei ole tyytyväinen. Jeremia 1:14-15 sanoo näin:

> "*Ja Herra sanoi minulle: 'Pohjoisesta on onnettomuus purkautuva kaikkien maan asukasten yli. Sillä katso, minä kutsun kaikki pohjoisten valtakuntain kansanheimot, sanoo Herra, ja ne tulevat ja asettavat kukin valtaistuimensa Jerusalemin porttien oville ja kaikkia sen muureja vastaan, yltympäri, ja kaikkia Juudan kaupunkeja vastaan.'*"

Jumala sanoo meille Jeremian jakeessa 4:6 näin: "*Nostakaa lippu Siionia kohti, paetkaa pysähtymättä; sillä minä annan tulla pohjoisesta onnettomuuden ja suuren hävityksen.*" Raamattu siis näyttää meille että pohjoinen merkitsee Jumalan torumista ja kuritusta. Täten se että synnin tähden uhrattu eläin teurastetaan pohjoispuolella symboloi kirousta.

3) Uhri paloitellaan paloiksi niin että sen pää ja rasva asetetaan halkojen päälle; pää ja sisälmykset pestään vedellä; kaikki uhrataan alttarin päällä polttamalla

Aivan kuten härkien kohdalla, niin myös lampaiden ja vuohien polttouhrit annetaan Jumalalle käsien, jalkojen ja pään kautta tehtyjen syntien anteeksisaamiseksi. Vanha testamentti on kuin varjo ja Uusi testamentti on kuin muoto. Jumala haluaa että sen lisäksi että me me saamme syntiset tekojemme anteeksi me ympärileikkaisimme sydämemme ja eläisimme Hänen Sanansa mukaisesti. Tämä on niin että me voisimme uhrata Jumalalle palvonnan palveluksia koko kehollamme, sydämellämme ja tahdollamme, ja että me voisimme tehdä Jumalan Sanan leipää Pyhän Hengen avulla voidaksemme heittää pois epätotuudet ja elää totuuden mukaisesti.

6. Lintujen uhraaminen (3. Moos. 1:14-17)

1) Metsäkyyhkynen tai kyyhkysenpoikanen

Kyyhkyset ovat kaikista linnuista nöyrimpiä ja ne tottelevat kaikkia ihmisiä. Niiden liha on mureaa ja yleisesti ottaen kyyhkyset ovat ihmisille erittäin hyödyllisiä. Tämän tähden Jumala käski että meidän pitää uhrata metsäkyyhkysiä tai kyyhkysenpoikia. Jumala halusi nuoria kyyhkysiä sillä Hän halusi ottaa vastaan puhtaita ja nöyriä uhreja. Nämä nuorten kyyhkysten piirteet symboloivat uhriksi tulleen Jeesuksen nöyryyttä sekä lempeyttä.

2) Pappi tuo uhrin alttarille; vääntää sen niskat poikki; repäisee sen siivet auki; polttaa sen alttarlla ja pusertaa sen veren seinään

Kyyhkyset ovat erittäin pienikokoisia ja niin niitä ei voi tappaa ja leikata palasiksi. Tämä tarkoittaa myös sitä että niistä voidaan vuodattaa vain pieni määrä verta. Tästä syystä toisin kuin muut eläimet jotka tapetaan alttarin pohjoispuolella näiden lintujen niskat väännetään nurit ja niiden veri puserretaan niistä ulos. Tähän vaiheeseen lukeutuu myös käsien asettaminen uhrin päälle. Uhrin veren pitää tulla pirskotelluksi alttarin ympärille mutta sovituksen seremonia tapahtuu alttarin sivulla kyyhkysten sisällään pitämän pienen verimäärän tähden.

Tämän lisäksi kyyhkysen muoto olisi täysin tunnistamaton sen pienen koon tähden jos se leikattaisiin palasiksi. Tämän tähden sen siivet revitään auki mutta niitä ei kuitenkaan leikata irti ruumiista. Siivet ovat linnun elämä. Se että kyyhkysen siivet revitään auki symboloi sitä että ihminen antautuu Jumalalle täysin kokonaan antaen Hänelle jopa elämänsäkin.

3) Uhrin kupu höyhenineen heitetään alttarin itäpuolelle tuhkaläjään

Ennen kuin uhrilintu poltetaan sen kupu höyhenineen poistetaan. Härkien, lampaiden ja vuohien sisälmykset sytytetään tuleen niiden pesemisen jälkeen mutta kyyhkysen kapea kupu ja sisälmykset ovat liian vaikeita pestäväksi. Tämän tähden Jumala on sallinut niiden tulevan heitetyksi pois. Näiden poisheittäminen symboloi härkien ja lampaiden epäpuhtaiden osien pesemisen tavoin epäpuhtaan sydämen sekä vanhojen syntien ja pahuuden poistamista ja puhdistamista Jumalaa palvomalla hengessä ja totuudessa.

Linnun kupu höyhenineen heitetään alttarin vierelle tuhkaläjään. Genesis 2:8 sanoo että Jumala *"istutti paratiisin Eedeniin, itään."* Idän hengellinen merkitys on kirkkauden ympäröimä tila. Jopa tässä maassa minkä päällä me elämme itä on se suunta mistä pimeyden pois ajava aurinko nousee.

Mitä sitten tarkoittaa se että kyyhkysen kupu heitetään alttarin itäpuolelle höyhenineen? Tämä symboloi meidän Herramme, itse kirkkauden, eteen astuista sen jälkeen kun me olemme heittäneet pois synnin ja pahuuden epäpuhtaudet antamalla Jumalalle polttouhrin. Ef. 5:13 sanoo: *"mutta tämä kaikki tulee ilmi, kun valkeus sen paljastaa, sillä kaikki, mikä tulee ilmi, on valkeutta."* Me voimme heittää pois löytämämme synnin ja pahuuden epäpuhtauden ja tulla Jumalan lapseksi astumalla kirkkauteen. Tämän tähden uhrin epäpuhtauksien heittäminen itään merkitsee hengellisesti sitä kuinka me hengellisten epäpuhtauksien, eli synnin ja pahuuden, joukossa eläneet heitämme pois pahuuden ja tulemme Jumalan lapseksi.

Härkien, lampaiden, vuohien ja lintujen polttouhrien kautta me voimme ymmärtää Jumalan rakkautta ja oikeutta. Jumala käski ihmisiä antamaan polttouhreja sillä Hän halusi Israelin kansan elävän jokaisen hetkensä läheisessä yhteydessä Jumalaan antamalla Hänelle aina polttouhreja. Minä toivon että te palvoisitte hengessä ja totuudessa kun te muistatte tämän ja että te lepopäivän pyhittämisen lisäksi uhraisitte Jumalalle sydämenne suloista aromia vuoden jokaisena päivänä. Tällöin meidän Jumalamme, joka on sanonut että *"silloin sinulla on ilo Herrassa, ja hän antaa sinulle, mitä sinun sydämesi halajaa"* (Psalmi 37:4) peittää sinut vauraudella sekä ihmeellisillä siunauksilla mihin tahansa sinä sitten menetkin.

Luku 4

Ruokauhri

"Jos joku tahtoo tuoda Herralle lahjaksi ruokauhrin,
olkoon hänen uhrilahjanaan lestyjä jauhoja;
ja hän vuodattakoon siihen öljyä
ja pankoon sen päälle suitsuketta."

3. Moos. 2:1

1. Ruokauhrin merkitys

3. Mooseksen kirjan 2. luku puhuu ruokauhreista sekä siitä kuinka ne pitää uhrata Jumalalle jotta ne olisivat Häntä miellyttäviä eläviä ja pyhiä uhreja.

3. Moos. 2:1 sanoo: *"Jos joku tahtoo tuoda Herralle lahjaksi ruokauhrin, olkoon hänen uhrilahjanaan lestyjä jauhoja."* Ruokauhri on Jumalalle annettu hienoksi jauhetu jauhon uhri. Se on meille elämän ja meidän jokapäiväisen leipämme antaneelle Jumalalle annettu kiitosuhri. Nykypäivän kielellä se merkitsee sunnuntain palveluksen aikana annettua kiitosuhria joka annetaan siitä hyvästä että Jumala on suojellut meitä koko tätä päivää edeltävän viikon.

Kun me annamme Jumalalle uhrin meidän pitää vuodattaa härkien ja lampaiden kaltaisten eläimien verta. Tämä johtuu siitä että meidän syntiemme anteeksianto eläinten veren kautta takaa sen että Pyhä Jumala kuulee meidän rukouksemme. Ruokauhri on kuitenkin kiitoksen uhri mikä ei tarvitse veren vuodattamista. Tämä uhri annetaan polttouhrin yhteydessä. Ihmiset antoivat Jumalalle satonsa ensimmäiset hedelmät sekä muista sadoistaan saamiaan hyviä asioita ruokauhrina kiitokseksi siitä että Hän oli antanut heille heidän kylvämänsä siemenet ja antanut heille ruokaa ja suojellut heitä sadonkorjuuseen saakka.

Yleensä ruokauhrina annettiin jauhoja. Ruokauhrina käytettiin hienoksi jauhettuja jauhoja, leipää sekä viljantähkiä. Nämä uhrit maustettiin öljyllä, suolalla ja suitsukkeilla.

Tämän jälkeen kourallinen ruokauhria poltettiin Jumalan miellyttämiseksi sen aromilla.

2. Moos. 40:29 sanoo: *"Ja polttouhrialttarin hän asetti asumuksen, ilmestysmajan, oven eteen ja uhrasi sen päällä polttouhrin ja ruokauhrin, niinkuin Herra oli Moosesta käskenyt."* Jumala käski että polttouhrin antamisen yhteydessä piti antaa myös ruokauhri. Tämän tähden me annamme Jumalalle hengellisen palvonnan uhrin vasta sitten kun me olemme antaneet Hänelle kiitoksen uhrin sunnuntain palveluksen aikana.

Sana "ruokauhri" tulee sanoista "uhri" sekä "lahja." Jumala ei halua että me otamme osaa palveluksiin tyhjin käsin vaan että me osoitamme sydämellämme kiitollisuutta antamalla Hänelle kiitoksen uhreja. Tästä syystä 1. Tess. 5:18 sanoo: *"Kiittäkää joka tilassa. Sillä se on Jumalan tahto teihin nähden Kristuksessa Jeesuksessa."* Matt. 6:21 sanoo: *"Sillä missä sinun aarteesi on, siellä on myös sinun sydämesi."*

Miksi meidän pitää antaa kaikessa kiitosta ja uhrata Jumalalle ruokauhreja? Ensinnäkin, koko ihmiskunta oli matkalla kohti kadotusta Aatamin niskoittelun tähden mutta Jumala antoi meille Jeesuksen meidän syntiemme lunastamiseksi. Jeesus on lunastanut meidät meidän synneistämme ja Hänen kauttaan me olemme saavuttaneet ikuisen elämän. Jumala on luonut ihmisen sekä kaiken maailmankaikkeudessa olevan, ja niin Hän on meidän Isämme ja me saamme nauttia vallasta Hänen lapsinaan. Hän on sallinut meidän ottaa taivaan ikuisesti haltuumme joten kuinka me voisimme tehdä mitään muuta kuin osoittaa Hänelle meidän kiitollisuutemme? Jumala antaa meille myös auringonpaistetta ja Hän hallitsee sadetta, tuulia sekä koko ilmastoa niin että me voimme korjata runsaita satoja joiden kautta Hän antaa meille meidän jokapäiväisen leipämme. Meidän pitää antaa Hänelle tästä kiitosta. Tämän lisäksi Jumala suojelee meitä tässä maailmassa missä synti, epähurskaus, sairaudet ja onnettomuudet ovat yleisiä. Hän vastaa meidän uskossa rukoilemiimme rukouksiin ja Hän siunaa meidät aina elämään voitokasta elämää. Kuinka me siis voisimme olla antamatta Hänelle kiitosta!

2. Ruokauhrit

3. Moos. 2:1 sanoo: *"Jos joku tahtoo tuoda Herralle lahjaksi ruokauhrin, olkoon hänen uhrilahjanaan lestyjä jauhoja; ja hän vuodattakoon siihen öljyä ja pankoon sen päälle suitsuketta."* Jumalalle ruokauhrina annettuen jyvien pitää olla erittäin hienoksi jauhettuja. Tämä viittaa siihen minkälaisella sydämellä meidän pitää Hänelle uhrata. Jyvien muuttaminen hienoksi jauhoksi vaatii sen että nämä jyvät käyvät läpi useita vaiheita, kuten esimerkiksi kuorimisen, jauhamisen sekä siivilöimisen. Jokainen näistä vaiheista vaatii työtä ja huolenpitoa. Hienosta jauhosta valmistetun ruuan tuoksu ja maku ovat paljon tavallista ruokaa parempia.

Jumalan ruokauhria koskevan käskyn hengellinen merkitys on se että Jumala ottaa vastaan huolella ja ilolla valmistetut uhrit. Hän ottaa uhrin ilolla vastaan kun me osoitamme kiitollisuutemme sydämemme teoilla pelkkien kiitoksen sanojen sijaan. Tämän tähden meidän täytyy pitää huolta siitä että antaessamme kymmenyksiä tai kiitosuhreja me annamme ne sellaisella sydämellä minä Jumala ottaa mielellään vastaan.

Jumala on kaiken hallitsija ja Hän käskee ihmisiä antamaan Hänelle uhreja. Hän ei kuitenkaan tee näin sen tähden että Häneltä puuttuisi jotakin. Syy siihen että Jumala haluaa uhreja on se että Hän siunaa meitä yhä enemmän ja runsaammin Hänelle uskossa ja rakkaudessa antamiemme uhrien kautta.

2. Kor. 9:6 sanoo: *"Huomatkaa tämä: joka niukasti kylvää, se myös niukasti niittää, ja joka runsaasti kylvää, se myös runsaasti niittää."* Hengellisen maailman lain mukaan me korjaamme sitä mitä me olemme kylväneet. Jumala opettaa meille antamaan Hänelle kiitosuhreja jotta Hän voisi siunata meitä yhä enemmän.

Meidän pitää luonnollisesti antaa koko sydämellämme kun me uskomme tähän ja annamme tämän mukaan uhreja. Samalla tavalla kuin jos me antaisimme hienon jauhon uhreja meidän pitää antaa Hänelle kaikista kallisarvoisimpia sekä puhtaita ja viattomia uhreja.

Hienoksi jauhettu jauho viittaa myös Jeesuksen luonteeseen ja elämään, mitkä molemmat olivat itsessään täydellisiä. Tämä myös opettaa meitä että meidän tulee elää kuuliaisuuden ja työteliäisyyden elämää samalla tavalla kuin me näemme vaivaa ja huolta hienon jauhon valmistamiseksi.

Antaessaan ruokauhrin jauhon tai viljan muodossa ihmiset

leipoivat sen öljyn avulla uunissa tai kaatoivat taikinan pellin päälle tai pannulle kohoamaan. Tämän jälkeen uhri poltettiin alttarin päällä. Se että ruokauhreja annettiin eri tavalla tarkoittaa sitä että ihmisten tapa ansaita elantonsa ja heidän syynsä olla kiitollisia vaihtelivat suuresti.

Toisin sanoen, sen lisäksi että meillä on syitä olla kiitollinen sunnuntaisin me voimme myös kiittää Jumalaa saamistamme siunauksista tai vastauksista, siitä että me olemme sietäneet kiusauksia tai vastustaneet koettelemuksia uskossa tai muista vastaavista syistä. Jumala kuitenkin käskee meitä olemaan kaikessa kiitollisia ja niin meidän pitää etsiä syitä kiitollisuuteen ja osoittaa tätä tämän mukaisesti. Vasta sitten Jumala ottaa meidän sydämemme tuoksun vastaan ja pitää huolta siitä että meillä on aina runsaasti syitä olla elämässämme kiitollisia.

3. Ruokauhrin antaminen

1) Hienon jauhon, öljyn sekä suitsukkeen ruokauhri

Öljyn sekoittaminen jauhoihin tekee taikinaa mistä valmistuu erinoimaista leipää, kun taas suitsukkeen lisääminen leipään parantaa uhrin laatua ja ulkomuotoa. Kun tämä viedään papin eteen hän ottaa siitä kourallisen jauhoja, öljyä ja suitsuketta ja uhraa sen savuna alttarilla. Tällöin tästä nousee suloista aromia.

Mitä öljyn kaataminen jauhojen joukkoon sitten merkitsee?

Tässä öljy vittaa eläinten rasvaan tai kasveista saatuun öljyyn. Hienon jauhon sekoittaminen öljyn kanssa merkitsee sitä että meidän pitää antaa kaikki energiamme – koko elämämme – kun me uhraamme Jumalalle. Palvoessamme Jumalaa tai antaessamme Hänelle uhreja Jumala antaa meille Pyhän Hengen täyteyttä ja inspiraatiota ja sallii meidän elävän elämää suorassa ja läheisessä yhteydessä Hänen kanssaan. Öljyn kaataminen symboloi sitä että kun me annamme Jumalalle jotakin meidän pitää antaa se koko sydämellämme.

Mtä sitten tarkoittaa suitsukkeen lisääminen uhriin?

Room. 5:7 sanoo: *"Tuskinpa kukaan käy kuolemaan jonkun vanhurskaan edestä; hyvän edestä joku mahdollisesti uskaltaa kuolla."* Silti Jeesus kuoli meidän puolestamme Jumalan tahdon mukaan vaikka me emme ole hyviä tai vanhurskaita vaan ainoastaan syntisiä. Kuinka suloista Jeesuksen rakkauden aromin onkaan täytynyt olla Jumalalle? Tällä tavalla Jeesus tuhosi kuoleman valan, nousi kuolleista, istui Jumalan oikealle puolella ja tuli kuninkaiden kuninkaaksi sekä sanoinkuvaamattoman suloiseksi tuoksuksi Jumalalle.

Efesolaiskirje 5:2 kehottaa meitä seuraavanlaisesti: *"ja vaeltakaa rakkaudessa, niinkuin Kristuskin rakasti teitä ja antoi itsensä meidän edestämme lahjaksi ja uhriksi, Jumalalle suloiseksi tuoksuksi."* Jeesus oli suitsuketta sisältävä uhri Jumalalle kun Hän antoi itsensä Jumalalle uhriksi. Tämän tähden myös meidän pitää uhrata itsemme suloisena tuoksuna Jumalalle Jeesuksen tavoin sillä me olemme saaneet osaksemme Jumalan rakkauden.

Suitsukkeen sekoittaminen jauhoihin tarkoittaa sitä

että meidän pitää elää Jumalan Sanan mukaisesti koko sydämellämme ja kirkastaa Häntä levittämällä Kristuksen aromia samalla tavalla niinkuin Jeesus kirkasti Häntä tekojensa ja luonteensa kautta. Vasta sitten kun me olemme uhranneet Jumalalle kiitosuhreja Kristuksen aromia levittäen muuttuvat meidän uhrimme Jumalan hyväksymiksi ruokauhreiksi.

2) Ei happamasta taikinasta tai hunajasta

3. Moos. 2:11 sanoo: *"Mitään ruokauhria, jonka te tuotte Herralle, älköön valmistettako happamesta; älkää polttako uhria Herralle mistään happamesta taikinasta tai hunajasta."* Jumala sanoi että Hänelle uhrattavaan leipään ei saa lisätä hapanta taikina sillä samalla tavalla kuin hapan taikina hapattaa koko leivän, niin myös hengellinen happamuus pilaa koko uhrin.

Muuttumaton ja täydellinen Jumala haluaa meidän uhrimme pysyvän muuttumattomana meidän antavan ne sydämemme pohjasta. Täten kun me annamme uhreja meidän pitää antaa ne muuttumattomalla, puhtaalla sekä tahrattomalla sydämellä sekä kiitollisuudessa, rakkaudessa ja uskossa Jumalaa kohtaan.

Jotkut ihmiset pitävät mielessään sen miltä he näyttävät muiden silmissä ja siten antavat uhrinsa muodon vuoksi. Toiset taas uhraavat sydän täynnä huolta ja surua. Jeesus kuitenkin varoitti meitä fariseusten happamuudesta eli tekopyhyydestä, ja niin meidän sydämemme on kuin happamuuden pilaama ruokauhri millä ei ole mitään tekemistä Jumalan kanssa jos me uhraamme Jumalalle teeskennellen ulospäin olevamme pyhä ja muiden tunnustusta etsien.

Täten meidän pitää antaa ilman happamuutta sydämemme pohjasta rakkaudella ja kiitollisena Jumalaa kohtaan. Meidän ei pidä antaa vastentahtoisesti surun ja huolen vallassa ilman uskoa. Meidän pitää antaa runsaasti uskoen vakaasti Jumalaan joka ottaa meidän uhrimme vastaan ja siunaa meitä lihassa ja hengessä. Opettaakseen meille hengellisestä merkityksestä Jumala käski että mikään uhri ei saa olla hapan.

On kuitenkin tapauksia jolloin Jumala sallii meidän antavan Hänelle happamia uhreja. Näitä uhreja ei polteta vaan papit heiluttavat niitä edestakaisin alttarin edessä ilmaistaakseen Jumalan uhria minkä jälkeen he antavat ne takaisin ihmisille jaettavaksi. Toisin kuin ruokauhri, tämän kaltainen uhri sai olla valmistettu happamasta leivästä.

Uskon ihmiset esimerkiksi ottavat osaa palvelukseen sunnuntain lisäksi myös muina päivinä. Heikon uskon omaavien ihmisten ottaessa osaa sunnuntain palvelukseen ilman että he ottavat osaa palveluksiin keskiviikkona tai perjantaina Jumala ei lue tätä heille heikkoudeksi tai synniksi. Sunnuntain palvelus seuraa tarkkaa järjestystä kun taas pienryhmien palvelukset tai kotikirkojen palvelukset ovat sellaisia että niiden järjestys voi muuttua olosuhteiden mukaan vaikka niiden perusjärjestys muodostuukin sanomasta, rukouksesta sekä ylistyksestä. Se että Jumala sallii joustamisen henkilöiden olosuhteiden tai uskon mitan mukaan merkitsee hengellisesti happamien uhrien antamista.

Miksi Jumala kielsi hunajan lisäämisen? Happaman taikinan tavoin hunaja pilaa hienon jauhon ominaisuudet. Tässä hunaja viittaa makeaan siirappiin mitä valmistetaan Palestiinan taateleiden mehusta. Tämä hunaja alkaa helposti käydä ja pilaantua. Tästä syystä Jumala kielsi jauhojen pilaamisen hunajalla. Hän myös kertoo meille että Jumalan lapsien pitää toimia täydellisen sydämen kanssa joka ei muutu tai petä antaessaan Hänelle uhreja tai palvoessaan Häntä.

Ihmiset saattavat luulla että hunajan lisääminen saisi uhrin näyttämään paremmalta. Huolimatta siitä kuinka hyvältä jokin näyttää ihmisten silmissä Jumala haluaa kuitenkin ottaa vastaan sen mitä Hän on käskenyt ihmisiä antamaan ja mitä ihmiset ovat luvanneet Hänelle antaa. On ihmisiä jotka vannovat antavansa jotakin Jumalalle mutta sitten olosuhteiden muuttuessa muuttavat mieltään ja antavat Hänelle jotakin muuta. Jumala ei kuitenkaan pidä siitä että ihmiset muuttavat mieltään sen suhteen mitä Hän on käskenyt tai sen suhteen mitä he ovat Hänelle luvanneet antaa ainoastaan oman etunsa tähden. Tämän tähden henkilön joka on luvannut uhrata Jumalalle eläimen tulee myös tehdä näin kuten 3. Moos 27:9-10 sanoo: *"Mutta jos lupaus koskee karjaa, josta voidaan tuoda uhrilahja Herralle, olkoon kaikki, mikä siitä annetaan Herralle, pyhää. Sitä älköön vaihdettako älköönkä muutettako; ei hyvää huonoon eikä huonoa hyvään. Jos joku kuitenkin vaihtaa eläimen toiseen, olkoon sekä se että siihen vaihdettu pyhä."*

Jumala haluaa että me annamme Hänelle puhtaalla sydämellä uhrien lisäksi kaikessa muussakin. Se että henkilö kantaa sydämessään kavaluutta tai epäuskoa saa hänet tekemään tai käyttäytymään tavalla josta Jumala ei pidä. Kuningas Saul esimerkiksi niskoitteli Jumalan käskyä vastaan ja muutti sen hänen oman mielensä mukaiseksi. Tämän johdosta hän rikkoi Jumalan käskyä. Jumala oli käskenyt Saulia tuhoamaan Amalekin kuninkaan, tämän kansa sekä sen eläimet. Voitettuaan sodan Jumalan voimalla Saul ei kuitenkaan seurannut Jumalan käskyä. Hän säästi Amalekian kuninkaan Agagin sekä hänen parhaimmat eläimet. Saul ei kuitenkaan katunut tätä edes sen jälkeen kun häntä oli toruttu ja hän jatkoi niskoitteluaan. Lopulta Jumala hylkäsi hänet.

4. Moos. 23:19 sanoo: *"Ei Jumala ole ihminen, niin että hän valhettelisi, eikä ihmislapsi, että hän katuisi."* Voidaksemme miellyttää Jumalaa meidän sydämemme täytyy ensin muuntautua hyväksi sydämeksi. Huolimatta siitä kuinka hyvältä joku saattaa näyttää ihmisen mielestä tai kuinka hyvältä ajatukselta jokin kuulostaa hänen ei pidä koskaan tehdä mitään Jumalan kieltämää. Tämä ei muutu aikojenkaan kuluessa. Jumala on mielissään kun ihminen noudattaa Jumalan tahtoa puhtaalla sydämellä sitä muuttamatta. Hän ottaa tämän henkilön uhrit vastaa ja siunaa häntä.

3. Moos. 2:12 sanoo: *"Uutisuhrilahjana saatte tuoda niitä Herralle, mutta älkööt ne tulko alttarille suloiseksi tuoksuksi."* Uhrin pitää olla suloinen aromi minkä Jumala ottaa mielellään vastaan. Tässä Jumala sanoo meille että ruokauhrin ei pidä tulla asetetuksi alttarille ainoastaan siksi että uhrattaisiin savuna

ilmaan ja levittäisi suloista aromia. Ruokauhrin antamisen tarkoitus ei ole itse uhrin antamisen teko vaan meidän sydämemme aromin uhraaminen Jumalalle.

Siitä huolimatta kuinka paljon hyviä asioita uhrataan tämä on suloinen tuoksu ainoastaan ihmisille mutta ei Jumalalle jos niitä ei uhrata Jumalaa miellyttävällä hyvällä sydämellä. Tämä on samankaltaista verrattuna siihen kuinka lasten lahjat heidän vanhemmilleen ilahduttavat näitä vanhempia kun he tietävät että ne on annettu kiitollisuudessa ja rakkaudessa sen johdosta että vanhemmat ovat synnyttäneet ja kasvattaneet lapsensa eikä vain muodon vuoksi.

Jumala ei myöskään halua että me annamme vain rutiininomaisesti tai itseämme vakuuttaksemme sanoen "Minä olen tehnyt mitä pitääkin" vaan täynnä uskoa, toivoa ja rakkautta

3) Suolaa suolalla

3. Moos. 2:13 sanoo: *"Ja jokainen ruokauhrilahjasi suolaa suolalla, äläkä anna Jumalasi liitonsuolan puuttua ruokauhristasi; jokaiseen uhrilahjaasi sinun on tuotava suolaa."* Suola sulautuu ruokaan, estää sen pilaantumisen ja parantaa sen makua omalla maullaan.

Suolalla suolaaminen merkitsee hengellisesti rauhan tekemistä. Jotta ruoka voisi maustua suolan pitää sulautua siihen ja samalla tavalla meidän pitää uhrata itsemme voidaksemme olla rauhan tuovan suolan osassa. Täten Jumala käsky siitä että ruokauhri pitää olla suolalla suolattu tarkoittaa sitä että meidän pitää antaa Hänelle uhreja uhraamalla itsemme rauhan saavuttamiseksi.

Tämän mukaisesti meidän pitää ensin ottaa Jeesus Kristus vastaan ja olla rauhassa Jumalan kanssa taistelemalla syntiä, pahuutta, himoa ja vanhaa itseämme vastaan aina veren vuodattamiseen saakka.

Kuvittele, että joku tekee tahallaan syntiä mitä Jumala pitää kauhistuksena. Tämän jälkeen tämä henkilö antaa Jumalalle uhrin katumatta syntejään. Jumala ei voi ottaa tätä uhria vastaan sillä Hänen ja tämän henkilön välillä oleva rauha on jo rikottu. Tämän tähden Psalmi 66:18 sanoo: *"Jos minulla olisi vääryys sydämessäni, ei Herra minua kuulisi."* Jumala ottaa mielellään vastaan meidän rukouksemme lisäksi meidän uhrimme vasta sitten kun me olemme kääntyneet synnistä, tehneet Hänen kanssaan rauhan ja antaneet Hänelle uhreja.

Jumalan kanssa rauhan tekeminen vaatii että jokainen meistä antaa itsemme kuoleman uhrin. Apostoli Paavali sanoi olevansa päivittäin kuoleman kidassa, ja samalla tavalla henkilö voi saavuttaa rauhan Jumalan kanssa vasta sitten kun hän kieltää itsensä ja uhraa elämänsä Jumalalle.

Meidän pitää olla rauhassa myös uskomme veljien ja sisarten kanssa. Jeesus sanoo Matteuksen jakeessa 5:23-24 näin: *"Sentähden, jos tuot lahjaasi alttarille ja siellä muistat, että veljelläsi on jotakin sinua vastaan, niin jätä lahjasi siihen alttarin eteen, ja käy ensin sopimassa veljesi kanssa, ja tule sitten uhraamaan lahjasi."* Jumala ei ota meidän uhriamme ilolla vastaan jos me teemme syntiä, teemme pahaa tai kiusaamme veljiämme tai sisariamme Kristuksessa.

Meidän ei pidä vihata tai kantaa kaunaa veljeämme kohtaan vaikka hän olisikin tehnyt meitä kohtaan pahaa. Meidän tulee sen sijaan antaa hänelle anteeksi ja olla hänen kanssaan rauhassa. Riitojen syistä riippumatta me emme voi pysytellä hänen kanssan riidoissa tai kiistoissa, emmekä me saa satuttaa tai aiheuttaa veljiemme tai sisartemme lankeamista. Vasta sitten kun me olemme tehneet rauhan kaikkien kanssa ja meidän sydämemme on täynnä Pyhää Henkeä, iloa sekä kiitollisuutta ovat meidän uhrimme suolalla suolattuja.

Jumalan käsky "suolaa suolalla" on myös liiton keskeinen merkitys, sillä kohta sanoo että meidän tulee suolata meidän Jumalalle liiton suolalla. Suola on peräisin valtamerestä ja vesi edustaa Jumalan Sanaa. Suola maistuu suolaiselta ja samalla tavalla Jumalan liiton Sana ei koskaan muutu.

Uhrien suolalla suolaaminen tarkoittaa sitä että me luotamme Jumalan muuttumattomaan liittoon ja että me annamme koko sydämellämme. Antaessamme kiitoksen uhreja meidän pitää uskoa että Jumala pitää meistä huolen ja siunaa meitä antaen meille 30-, 60-, ja 100-kertaisesti takaisin mitä me olemme antaneet.

Jotkut sanovat että "Minä en anna odottaen saavan siunauksia vaan muuten vain." Jumala on kuitenkin mielissään siitä että henkilö haluaa nöyrästi Hänen siunauksiaan. Heprealaiskirjeen 11. luku kertoo kuinka Mooses hylkäsi Egyptin prinssin aseman etsien Jumalan hänelle antamia palkkioita. Myös meidän Jeesuksemme odotti palkkioita eikä Hän siten välittänyt siitä että Hänet nöyryytettiin ristillä. Pitämällä katseensa suuressa hedelmässä – Jumalan kirkkaudessa minkä Hän oli Jeesukselle antava sekä ihmiskunnan pelastuksessa – Jeesus pystyi sietämään helposti ristin hirvittävän rangaistuksen.

Se että me odotamme palkkioita eroaa tietenkin täysin laskelmoivasta sydämestä joka odottaa saavansa jotakin siitä hyvästä että hän on itse antanut jo jotakin. Rakkaudessaan Jumalaa kohtaan henkilö voi olla valmis jopa antamaan oman elämänsä. Isä Jumalan sydäntä ymmärtäen tämä henkilö etsii siunauksia ja hänen tekonsa miellyttävät Jumalaa yhä enemmän sillä Jumala haluaa siunata häntä ja saada hänet uskomaan Jumalan voimaan. Jumala on luvannut että me saamme korjata mitä me olemme kylväneet ja että Hän antaa meille mitä me pyydämme. Jumala on mielissään meidän uskossa Hänen Sanansa tähden antamistamme uhreista sekä meidän uskostamme jonka kautta me pyydämme Häntä siunaamaan meitä Hänen lupauksensa mukaisesti.

4) Tähteeksi jäävä on Aaronin ja hänen poikiensa oma

Polttouhri uhrattiin kokonaisuudessaan alttarilla mutta ruokauhri tuotiin papille joka uhrasi vain osan tästä uhrista Jumalalle alttarilla. Tämä tarkoittaa sitä että meidän pitää antaa Jumalalle erilaisia palveluksia mutta että kiitoksen uhrit – ruokauhrit – annetaan Jumalalle niin että niitä voidaan käyttää Jumalan kuningaskunnan ja vanhurskauden hyväksi. Osa niistä annetaan papeille jotka tänä päivänä vastaavat Herran palvelijoita ja kirkon työntekijöitä. Galatalaiskirje 6:6

sanoo: *"Jolle sanaa opetetaan, se jakakoon kaikkea hyvää opettajallensa."* Jumalan palvelijat jotka opetavat Sanaa jakavat kiitoksen uhrin kun Jumalalta armoa saaneet kirkon jäsenet antavat kiitosuhrin.

Ruokauhri annetaan Jumalalle poltouhrin yhteydessä ja se palvelee mallina palveluksen elämästä jota Jeesus Kristus eli. Täten meidän pitää antaa uhreja uskossa koko sydämellämme.

Minä toivon että jokainen lukija palvoisi Jumalaa tavalla joka sopii yhteen Hänen tahtonsa kanssa ja että he kaikki saisivat runsaita siunauksia joka päivä antamalla Jumalalle suloisia ja Häntä miellyttäviä uhreja.

Luku 5

Rauhanuhri

"Jos hänen uhrilahjansa on yhteysuhri,
tuokoon hän, jos hän tuo raavaskarjasta härän tai lehmän,
virheettömän eläimen Herran eteen."

3. Moos. 3:1

1. Rauhanuhrin merkitys

Kolmannen Mooseksen kirjan 3. luku puhuu rauhanuhreista. Rauhanuhri pitää sisällään virheettömän eläimen teurastamisen, sen veren pirskottamisen alttarin seinille ja sen ihran uhraaminen Jumalalle alttarin päällä. Rauhanuhrin antaminen muistuttaa käytännössä polttouhrin antamista mutta niiden välillä on kuitenkin myös eroja. Ihmiset joskus käsittävät rauhanuhrin antamisen väärin luullen sen tarkoittavan sitä että me saamme syntimme anteeksi. Näin ei kuitenkaan ole. Rauhanuhrin tarkoituksena on saavuttaa rauha meidän ja Jumalan välille. Ihmiset osoittavat kiitollisuutta, antavat Jumalalle lupauksia ja lahjoittavat Jumalalle vapaaehtoisesti ruokauhrin kautta. Rauhanuhri annetaan erikseen ihmisten toimesta jotka ovat saaneet syntinsä anteeksi muiden uhrien kautta ja jotka nyt ovat läheisessä ja suorassa yhteydessä Jumalaan. Rauhanuhrin tarkoitus on tehdä rauha Jumalan kanssa niin että me voimme antaa kaikki meidän elämämämme osa-alueet Hänelle koko sydämellämme.

Kolmannen Mooseksen kirjan toisen luvun ruokauhri luetaan kiitosuhriksi ja se annetaan tavallisesti kiitokseksi Jumalalle siitä hyvästä että Hän on suojellut ja pelastanut meidät ja antanut meille jokapäiväisen leipämme. Tämä eroaa muista meidän antamistamme uhreista. Sunnuntaisen kiitosuhrin lisäksi me annamme kiitosuhreja kun meillä on erityinen syy kiitokseen. Näihin kiitosuhreihin lukeutuvat Jumalaa miellyttämisen takia annetut vapaaehtoiset uhrit jotka me annamme omistaaksemme ja antaaksemme koko elämämme Jumalan Sanalle ja saadaksemme Häneltä mitä me sydämessämme Häneltä pyydämme.

Rauhanuhrilla on monta merkitystä joista perimmäisin on Jumalan kanssa rauhan omaaminen. Saavutettuamme Jumalan kanssa rauhan Hän antaa meille voimaa jonka avulla me voimme elää totuudessa, saada vastauksia sydämemme toiveisiin sekä ottaa vastaan armon jonka avulla me voimme täyttää kaikki Hänelle antamamme lupaukset.

1. Joh. 3:21-22 sanoo: *"Rakkaani, jos sydämemme ei syytä meitä, niin meillä on uskallus Jumalaan, ja mitä ikinä anomme, sen me häneltä saamme, koska pidämme hänen käskynsä ja teemme sitä, mikä on hänelle otollista."* Tultuamme Jumalan edessä luottavaiseksi elettyämme Hänen tahtonsa mukaan me tulemme olemaan Hänen kanssaan rauhassa ja saamaan Häneltä mitä tahansa me Häneltä pyydämme. Voitko sinä kuvitella kuinka paljon enemmän siunauksia ja vastauksia Jumala meille antaisikaan jos me miellyttäisimme Häntä yhä enemmän ylimääräisillä uhreilla?

Tämän tähden on tärkeää että me ymmärrämme ruokauhrin ja rauhanuhrin oikealla tavalla ja erotamme ne toisistaan niin että Jumala ottaisi vastaan meidän uhrimme ilomielin.

2. Rauhanuhri

3. Moos. 3:1 sanoo: *"Jos hänen uhrilahjansa on yhteysuhri, tuokoon hän, jos hän tuo raavaskarjasta härän tai lehmän, virheettömän eläimen Herran eteen."* Uhrin pitää siis olla virheetön, oli kyseessä sitten lammas tai vuohi, tai oli se sitten mies- tai naispuolinen (3. Moos. 1:6, 12). Polttouhrin täytyy olla täydellinen miespuolinen härkä tai lammas. Tämä johtuu siitä että polttouhrin täydellinen uhri – hengellinen palvelus – symboloi Jumalan Pojan tahrattomuutta.

Antaessamma Jumalalle rauhanuhrin ollaksemme Hänen kanssaan rauhassa meidän ei tarvitse tehdä eroa mies- tai naspuolisten uhrien välillä kunhan uhri on virheetön. Se että rauhanuhrin sukupuolella ei ole väliä on peräsin Roomalaiskirjeen jakeesta 5:1: *"Koska me siis olemme uskosta vanhurskaiksi tulleet, niin meillä on rauha Jumalan kanssa meidän Herramme Jeesuksen Kristuksen kautta."* Jeesuksen Kristuksen ristillä vuodatetun veren kautta saavutetun rauhan tähden uhrin sukupuolella ei ole väliä.

Jumala käski että uhrin pitää olla virheetön sen tähden että Hän haluaa että me annamme Hänelle kauniin lapsen sydämellä, ei rikkoutuneella hengellä. Meidän ei pidä antaa vastentahtoisesti tai muiden huomiota tavoitellen vaan vapaaehtoisesti ja uskossa. Tästä seuraa että meidän pitää antaa virheetön uhri kun me annamme kiitoksen uhrin Jumalan pelastuksen armon tähden. Me annamme Jumalalle uhrin jotta me voisimme antaa kaikki meidän elämämme osa-alueet Hänen käsiinsä niin että Hän olisi meidän kanssamma kaikkina aikoina meitä suojellen ja jotta me voisimme elää Hänen tahtonsa mukaisesti. Tämän uhrin pitää siis olla parasta mitä me voimme antaa.

Verratessamme polttouhreja ja rauhanuhreja me huomamme jotakin mielenkiintoista. Kyyhkyset eivät kuulu rauhanuhriin. Mistä tämä johtuu? Siitä huolimatta kuinka köyhä henkilö on, hänen pitää silti antaa polttouhreja ja tämän tähden Jumala salli ihmisten uhrata erittäin vähäarvoisia kyyhkysiä.

Jumala pitää esimerkiksi polttouhrina sitä että vain hieman aikaa uskossa ollut henkilö jonka usko on vielä heikkoa ottaa osaa sunnuntain palvelukseen. Ihmiset jotka elävät täysin Jumalan Sanan mukaan ja ovat läheisessä ja suorassa yhteydessä Jumalan kanssa antavat täyden polttouhrin palvoessaan hengessä ja totuudessa mutta Jumala pitää sitä kyyhkysen polttouhrina jolla ei ole suurta arvoa ja johdattaa tämän tuoreen uskovan pelastukseen kun hän ei tee muuta kuin pyhittää lepopäivän.

Rauhanuhri ei ole kuitenkaan pakollinen vaan se annetaan vapaaehtoisesti. Se annetaan Jumalalle jotta sen antaja saisi vastauksia ja siunauksia Jumalaa miellyttämällä. Tämä uhri menettäisi merkityksensä jos henkilö uhraisi vähäarvoisen kyyhkysen minkä takia ne jätettiin sopivien uhrien joukosta pois.

Kuvittele, että henkilö haluaa antaa lahjan täyttääkseen valan tai lupauksen tai saadakseen jotakin mitä hän syvästi haluaa tai parantuakseen parantumattomasta sairaudesta. Minkälaisella sydämellä tämä lahja annettaisiin? Tämä lahja valmisteltaisiin huolellisemmin kuin tavallisesti annettu kiitosuhri. Jumala on mielissään jos me uhraamme hänelle härän tai olosuhteista riippuen joko lehmän, lampaan tai vuohen. Kyyhkysen arvo ei ole kuitenkaan tarpeeksi riittävä.

Tämä ei tietenkään tarkoita sitä että uhrin arvo riippuu pelkästään sen rahallisesta arvosta. Jumala punnitsee uhrin arvon siitä lähtevän hengellisen aromin mukaan kun henkilö valmistaa sen sydämen täyteydellä ja huolellisesti omien olosuhteidensa puitteissa.

3. Rauhanuhrin antaminen

1) Käsien laskeminen uhrin päälle ja sen teurastaminen tentan oviaukossa

Henkilö laskee synnin eläimen päälle jos hän laskee kätensä tämän päälle teltan oviaukossa. Kun henkilö antaa rauhanuhrin hän laskee kätensä eläimen päälle ja tällä tavalla hän merkitsee eläimen Jumalan uhriksi ja täten voitelee tämän eläimen.

Meidän ei pidä päättää uhrin määrästä lihallisten ajatusten mukaan vaan Pyhän Hengen johdatuksen mukaan voidaksemme antaa Jumalalle Häntä miellyttävän uhrin. Vain tämänkaltainen uhri miellyttää Jumalaa niin että Hän asettaa sen erikseen ja voitelee sen.

Sen jälkeen kun henkilö on laskenut kätensä eläimen pään päälle hän teurastaa sen teltan oviaukossa. Vanhan testamentin aikoina ainoastaan papit saivat astua pyhättöön ja tämän tähden ihmiset teurastivat uhrinsa teltan oviaukossa. Meidän ja Jumalan välillä seisova synnin muuri on kuitenkin Jeesuksen Kristuksen toimesta revitty maahan ja niin me voimme nykyään astua itse pyhättöön, palvoa Jumala sekä olla Hänen kanssaan läheisessä ja suorassa yhteydessä.

2) Aaronin pojat, papit, pirskottavat veren alttarin ympärille
3. Moos. 17:11 sanoo: *"Sillä lihan sielu on veressä, ja minä olen sen teille antanut alttarille, että se tuottaisi teille sovituksen; sillä veri tuottaa sovituksen, koska sielu on siinä."* Heprealaiskirje 9:22 taas sanoo: *"Niin puhdistetaan lain mukaan miltei kaikki verellä, ja ilman verenvuodatusta ei tapahdu anteeksiantamista."* Tämä muistuttaa meitä siitä että me voimme puhdistautua ainoastaan veren avulla. Me annamme Jumalalle uhreja voidaksemme olla suorassa ja läheisessä suhteessa Hänen kanssaan. On välttämätöntä että me pirskottelemme veren alttarin ympärille sillä me, joiden suhde Jumalaan on katkaistu, emme voi koskaan olla rauhassa Hänen kanssaan ilman Jeesuksen Kristuksen veren tekoja.

Se että papit pirskottelevat verta alttarin ympärille symboloi sitä että mihin tahansa me sitten kuljemmekin tai mihin tahansa me sitten päädymmekin me voimme aina saavuttaa rauhan Jumalan kanssa. Veri pirskotellaan alttarin ympärille sen symboliksi että Jumalan on aina meidän kanssamme, kulkee meidän kanssamme, suojelee meitä ja siunaa meitä kaikessa mitä me teemme ja mihin me menemme, olimme me sitten kuka tahansa.

3) Rauhanuhri annetaan Jumalalle polttamalla

2. Moos. 3. luku selventää kuinka uhrata härkien lisäksi myös lampaita ja vuohia rauhanuhrina. Koska itse uhrauksen prosessit ovat melkein samanlaisia me keskitymme siihen kuinka härät tulee uhrata rauhanuhriksi. Verratessamma rauhanuhria polttouhriin me tiedämme että kaikki nyljetyt osat annettiin Jumalalle. Polttouhrin merkitys on palvonnan hengellinen palvelus ja koska palveleminen tarkoittaa Jumalalle täydellistä uhraamista nämä Jumalalle uhratut palat poltettiin kokonaan.

Rauhanuhrin annon yhteydessä kaikkia osia ei kuitenkaan anneta. 3. Moos. 3:13-14 sanoo: *"Hän tuokoon siitä uhrilahjanaan Herralle uhriksi sisälmyksiä peittävän rasvan ja kaiken sisälmysten rasvan ja molemmat munuaiset ynnä niiden päällä lantiolihaksissa olevan rasvan ja maksanlisäkkeen, joka on irroitettava munuaisten luota."* Tämä tarkoittaa sitä että eläimen tärkeitä elimiä peittävä rasva tulee uhratuksi Jumalalle suloisena tuoksuna. Rasvan antaminen eläimen eri osista merkitsee sitä että meidän pitää olla Jumalan kanssa rauhassa missä tahansa me sitten olemmekin olosuhteistamme riippumatta.

Jumalan kanssa rauhassa oleminen vaatii sitä että me olemme myös ympärillämme olevien ihmisten kanssa rauhassa ja että me etsimme pyhyyttä. Vasta sitten me olemme kaikkien kanssa rauhassa ja me voimme tulla Jumalan lapsina täydellisiksi (Matt. 5:46-48).

Sen jälkeen Jumalalle uhrattava rasva on otettu talteen lihasta otetaan pois papeille varattu liha. 2. Moos. 7:34 sanoo:

"Sillä minä olen ottanut heilutus-rintalihan ja anniksi annetun reiden israelilaisilta heidän yhteysuhriteuraistansa ja antanut ne pappi Aaronille ja hänen pojillensa ikuiseksi osuudeksi israelilaisilta." Osa ruokauhreista varattiin papeille ja samalla tavalla osa ihmisten Jumalalle antamista ruokauhresta varattiiin pappeja ja leeviläisiä varten, jotka molemmat palvelivat Jumalaa ja Hänen kansaansa.

Tämä sama päteen myös Uuden testamentin aikana. Jumalan sielujen pelastamisen työ sekä Herran palvelijoiden elanto rahoitetaan uskovien Jumalalle antamien uhrien kautta. Se mitä jää jäljelle sen jälkeen kun Jumalalle ja papeille annettavat osat on poistettu tulee uhrin antaneen henkilön syömäksi. Tämä on rauhanuhrin oma piirre. Se että uhrin antanut henkilö syö uhrin lihaa symboloi sitä että Jumala näyttää sen että tämä uhri on Hänelle sopiva vastausten ja siunausten kautta.

4. Rasvan ja veren patsas

Papit pirskoittelivat eläimen veren alttarille sen jälkeen kun eläin oli uhrattu Jumalalle. Tämän lisäksi myös Jumalalle kuuluva rasvaa ja tuhkaa pidettiin pyhänä ja ne uhrattiin alttarilla Jumalaa miellyttävänä suloisena tuoksuna. Vanhan testamentin aikana ihmiset eivät syöneet rasvaa tai verta sillä ne liittyivät elämään. Veri edustaa lihan elämää ja rasva merkitsee myös elämää. Rasva edesauttaa elämän sujumusta ja toimintoja.

Mitä rasva sitten merkitsee hengellisesti? Ensisijaisesti rasva merkitsee täydellisen sydämen huolellisuutta. Rasvan uhraaminen tulessa tarkoittaa sitä että me annamme Jumalalle kaiken mitä meillä on ja kaiken mitä me olemme. Se viittaa äärimmäiseen huolenpitoon sekä sydämen täyteyteen jonka avulla me annamme Jumalan arvoisia uhreja. Kiitosuhrin sisältö on tärkeää kun me yritämme saavuttaa rauhan Häntä miellyttämällä tai kun me omistamme itsemme Hänelle, mutta on kuitenkin tärkeämpää minkälaisella sydämellä uhri on annettu. Jos Jumalan silmissä vääryyttä tehnyt henkilö antaa uhrin ollakseen Hänen kanssaan rauhassa tämän uhrin tulee olla annettu suurella omistautuneisuudella sekä täydellisellä sydämellä.

Syntien anteeksiantoon tarvitaan tietenkin synnin tai anteeksiannon uhria. On kuitenkin aikoja jolloin me haluamme enemmän kuin vain saada syntimme anteeksi ja jolloin me haluamme saavuttaa aidon rauhan Jumalan kanssa Häntä miellyttäen. Esimerkiksi isän sydän sulaa kun häntä vastaan vääryttä tehnyt ja hänen sydäntään satuttanut lapsi katuu tekojaan ja tekee kaikkensa miellyttääkseen isäänsä sen sijaan että hän vain pyytäisi anteeksi ja saisi siten tekonsa anteeksi.

Tämän lisäksi rasva viittaa rukoukseen sekä Pyhän Hengen täyteyteen. Matteus 25 kertoo viidestä viisaasta neitsyestä jotka ottivat lamppuihinsa öljyä sekä viidestä typerästä neitsyestä jotka eivät ottaneet öljyä mukaansa ja jotka eivät siten päässeet hääjuhliin. Tässä öljy viittaa hengellisesti rukoukseen sekä

Pyhän Hengen täyteyteen. Me voimme välttää maailman tahrat ja odottaa meidän Herraamme, ylkäämme, sen jälkeen kun me olemme valmistaneet itsemme Hänen morsiamiksi vasta sitten kun me olemme saaneet osaksemme Pyhän Hengen täyteyden rukouksen kautta ja kun me pysyttelemme valppaina hereillä.

Rukouksen täytyy seurata Jumalalle annettua rauhanuhria voidaksemme miellyttää Jumalaa ja saadaksemme Häneltä vastauksia. Tämä rukous ei saa olla pelkkä muodollisuus vaan meidän pitää uhrata se koko sydämellämme ja kaikella mitä meillä on, aivan kuten Jeesus jonka hiki muuttui verittippojen kaltaiseksi maahan pudoten Hänen rukoillessaan Getsemanessa. Kuka tahansa tällä tavalla rukoileva tulee taistelemaan ja heittämään syntinsä pois, tulemaan pyhittyneeksi sekä saamaan taivaasta voimaa ja Pyhän Hengen täyteyttä. Jumala on mielissään ja vastaa tämänkaltaiselle henkilölle nopeasti kun hän antaa Jumalalle rauhanuhrin.

Rauhanuhri on uhri mikä annetaan Jumalalle täydessä luottamuksessa niin että me voisimme elää arvokasta elämää Hänen seurassaan ja suojeluksessaan. Tehdessämme rauhan Jumalan kanssa meidän täytyy kääntyä pois kaikesta mikä ei miellytä Häntä, antaa Hänelle uhreja koko sydämestämme ja ilossa, sekä ottaa vastaan Pyhän Hengen täyteys rukouksen kautta. Tällöin me täytymme toivosta taivaalla ja elämme voitokasta elämää Jumalan kanssa rauhassa elämällä. Minä toivon että jokainen tämän kirjan lukija saisi aina Jumalalta vastauksia sekä siunauksia rukouksen kautta rukoilemalla Pyhän

Hengen täyteydessä ja johdatuksessa koko sydämellä, Häntä miellyttäen rauhan uhreja antaen.

Luku 6

—⦈⦉—

Syntiuhri

"Jos joku erehdyksestä rikkoo jotakuta
Herran käskyä vastaan ja tekee jotakin,
mitä ei saa tehdä, niin, jos voideltu pappi tekee rikkomuksen
ja saattaa kansan vikapääksi, tuokoon rikkomuksensa tähden,
jonka hän on tehnyt,
virheettömän mullikan Herralle syntiuhriksi."

3. Moos. 4:2-3

1. Erilaiset syntiuhrit ja niiden merkitys

Me olemme saaneet syntimme anteeksi ja saaneet pelastuksen uskon Jeesukseen Kristukseen sekä Hänen veren tekojensa kautta. Jotta meidän uskomme tunnustettaisiin olevan aitoa meidän ei pidä vain tunnustaa huulillamme että me uskomme vaan meidän pitää osoittaa tämä tekojen ja totuuden avulla. Jumala näkee meidän uskomme ja antaa meille meidän syntimme anteeksi kun me näytämme Hänelle Hänen tunnustavia uskon tekojen todistuksia.

Kuinka me voimme saada syntien anteeksiannon uskon kautta? Tietenkin jokaisen Jumalan lapsen pitää aina kulkea kirkkaudessa ja välttää aina syntiä. Silti Jumalan ja syntiä tehneen uskovan välillä on aina synnin muuri joka on peräisin ajalta jolloin tämä uskova ei ollut vielä täydellinen. Jos näin on, hänen täytyy tietää kuinka tämä ongelma ratkaista ja toimia oikealla tavalla. Ratkaisu tähän löytyy syntiuhreja käsittelevästä Jumalan Sanasta.

Syntiuhri on Jumalalle meidän elämämme aikana tekemiemme syntien sovittamiseksi. Se kuinka tämä uhri annetaan riippuu siitä minkälaista uskoa me omaamme sekä Jumalan meille antamista velvollisuuksista. 3. Moos. 4 puhuu voideltujen pappien antamista syntiuhreista sekä seurakunnan, sen johtajan sekä tavallisten ihmisten antamista uhreista.

2. Voideltun papin syntiuhri

Jumala sanoo Moosekselle jakeissa 3. Moos. 4:2-3 näin: *"Puhu israelilaisille ja sano: Jos joku erehdyksestä rikkoo jotakuta Herran käskyä vastaan ja tekee jotakin, mitä ei saa tehdä, niin, jos voideltu pappi tekee rikkomuksen ja saattaa kansan vikapääksi, tuokoon rikkomuksensa tähden, jonka hän on tehnyt, virheettömän mullikan Herralle syntiuhriksi.'"*

Tässä israelilaiset viittaa hengellisesti kaikkiin Jumalan lapsiin. Kyseessä on Herran käskyn rikkomisesta tai jonkin sellaisen tekemistä mitä ei saa tehdä joka kerta kun Jumalan 66 Raamatun kirjasta löytyvää Sanaa rikotaan.

Synnin palkka ulottuu jopa ihmisiin saakka kun pappi – eli tämän päivän termien mukaan Jumalan Sanaa saarnaava pappi – rikkoo Jumalan lakia. Pappi ei ole opettanut laumaansa totuuden mukaan tai elänyt sen mukana itse, ja niin hänen syntinsä on erittäin vakava. On erittäin noloa jos pappi ei ole ymmärtänyt Jumalan tahtoa vaikka hän rikkoisikin käskyjä vahingossa.

Papin lauma voi esimerkiksi uskoa pappia kun hän opettaa totuutta väärin. Täten he voivat vastustaa Jumalan tahtoa ja koko kirkko rakentaa synnin muurin itsensä ja Jumalan välille. Jumala on kehottanut meitä olemaan pyhiä, pidättäytymään kaikista pahan muodoista ja rukoilemaan lakkaamatta. Mitä tapahtuisi jos pastori sanoisi: *"Jeesus on lunastanut kaikki meidän syntimme. Me olemme siis pelastettuja niin kauan kun me kuulumme kirkkoon."* Jeesus sanoi Matteuksen jakeessa 15:14 näin: *"Älkää heistä välittäkö: he ovat sokeita sokeain taluttajia; mutta jos sokea sokeaa taluttaa, niin he molemmat kuoppaan lankeavat."* Papin synnin palkka on suuri sen tähden että hänen lisäksi myös hänen laumansa loittonee Jumalasta. Tämän tähden pappi "saattaa kansan vikapääksi" ja hänen täytyy antaa Jumalalle syntiuhri.

1) Virheetön härkä annetaan syntiuhriksi

Voidellun papin tehdessä syntiä tämä on vikapääksi kansalle ja hänen täytyy ymmärtää että hänen syntinsä palkka on suuri. 1. Samuel 2-4 kertoo mitä tapahtuu kun Eeli-papin pojat tekevät syntiä ottamalla itselleen Jumalalle annetut uhrit. Israelin hävittyä sodan filistealaisia vastaan Eelin pojat tapettiin ja 30 000 israelilaista sotamiestä menettivät henkensä. Israel menetti jopa liiton arkin ja niin se kärsi näiden syntien tähden kokonaisuudessaan.

Tämän tähden lunastusuhrin piti olla kaikkein arvokkain eli virheetön härkä. Kaikista uhreista Jumala hyväksyy mieluiten miespuolisia härkiä ja lampaita, ja härän arvo on lammasta suurempi. Papin ei pidä uhrata mitä tahansa härkää syntiuhriksi vaan virheettömän härän. Tämä merkitsee hengellisesti sitä että uhria ei voida antaa vastentahtoisesti tai ilman iloa, ja että jokaisen uhrin pitää olla elävä uhri.

2) Syntiuhrin antaminen

Pappi tuo uhriksi annettavan härän teltan oviaukkoon, laskee kätensä sen päälle, ottaa härän verta ilmestysmajan sisälle, kastelee sormensa vereen ja pirskottelee sitä seitsemän kertaa

Herran edessä kaikkein pyhimmän verhon edessä (3. Moos. 4:4-6). Käsien laskeminen härän pään päälle merkitsee sitä että ihmisen synnin siirtyvät eläimen päälle. Syntiä tehneen ihmisen tulisi joutua kuolemaan mutta laskemalla kätensä uhrin päälle ihminen saa syntinsä anteeksi siirtämällä syntinsä tähän eläimeen ja sitten teurastamalla tämän eläimen.

Tämän jälkeen pappi kastaa sormensa vereen ja pirskottelee sitä pyhätössä ilmestysmajan sisällä kaikkein pyhimmän verhon edessä. Tässä pyhätön verho on raskas verho joka erottaa pyhätön kaikkein pyhimmästä. Yleensä uhreja ei anneta pyhätön sisäpuolella vaan ne annetaan temppelin pihalla. Pappi kuitenkin astuu pyhätön sisälle syntiuhrin veren kanssa ja pirskottelee sitä pyhätön verhon edessä Jumalan asuttaman kaikkein pyhimmän edessä.

Sormien kastaminen vereen symboloi anteeksiantamisen anomista. Se symboloi sitä että me emme kadu vain suun sanoilla vaan myös kantamalla katumuksen hedelmiä heittämällä synnit ja pahuuden pois. Sormien kastaminen vereen ja sen pirskottaminen seitsemän kertaa – seitsemän, mikä on hengellisen maailman pyhä numero – merkitsee sitä että henkilö heittää syntinsä kokonaan pois. Me voimme saada syntimme anteeksi täydellisesti vasta sitten kun me olemme heittäneet meidän syntimme kokonaan pois emmekä me tee enää syntiä.

Pappi sivelee myös verta Herran edessä ilmestysmajassa olevan alttarin sarviin ja kaataa kaiken muun veren alttarin juurelle teltan oviaukossa (3. Moos. 4:7). Suitsukkeen alttari on suistukkeita varten valmistettu alttari. Jumala hyväksyi suitsukkeen kun se sytytettiin palamaan. Tämän lisäksi sarvet edustavat Raamatussa kuningasta ja hänen arvokkuuttaan ja valtaansa. Ne viittaavat myös Kuninkaaseen, meidän Jumalaamme (Ilmestyskirja 5:6). Veren siveleminen suitsukealttarin sarviin on merkki siitä että meidän kuninkaamme Jumala on hyväksynyt Hänelle annetun uhrin.

Kuinka me sitten voimme katua tavalla jonka Jumala hyväksyy? Me olemme jo maininneet aikaisemmin että synti ja pahuus heitettiin pois kastamalla sormet syntiuhrin vereen ja pirskottamalla tätä verta. Meidän pitää ensin miettiä ja katua syntejämme ja sitten tulla pyhättöön ja tunnustaa syntimme rukouksessa. Samalla tavalla kuin uhriverta siveltiin sarviin jotta Jumala hyväksyisi Hänelle annetun uhrin meidän pitää astua Jumalan eteen ja uhrata Hänelle katumuksen rukousta. Meidän pitää astua pyhättöön, rukoilla, polvistua sekä rukoilla Jeesuksen Kristuksen nimessä katumuksen hengen päällemme kaatavan Pyhän Hengen tekojen säestämänä.

Tämä ei kuitenkaan tarkoita sitä että meidän pitäisi odottaa että me pääsemme pyhättöön ennen kuin me katuisimme. Meidän pitää katua välitömästi ja kääntyä teoistamme sillä samalla hetkellä kun me ymmärrämme tehneemme vääryyttä Jumalaa vastaan. Tässä pyhättöön astuminen liittyy sapattiin, Herran päivään.

Vanhan testamentin aikoina ainoastaan voidellut papit pystyivät kommunikimaan Jumalan kanssa. Pyhä Henki on kuitenkin asettunut meidän kaikkien sydämeemme ja niin me voimme tänä päivänä rukoilla ja olla läheisessä ja suorassa yhteydessä Jumalaan Pyhän Hengen tekojen yhteydessä. Katumuksen rukous voidaan myös uhrata yksin Pyhän Hengen tekojen säestämän. Meidän pitää kuitenkin pitää mielessä että kaikki rukousuhrit tulevat täydellisiksi kun me pyhitämme Herran lepopäivän.

Henkilö joka ei pyhitä lepopäivää ei voi todistaa olevansa hengellisesti Jumalan lapsi ja niin hän ei voi saada syntejään anteeksi siitä huolimatta että hän uhraa katumuksen rukouksia. Jumala hyväksyy katumuksen ainoastaan silloin kun me uhraamme katumuksen rukouksia ymmärrettyämme että me olemme tehneet syntiä ja myös rukoilemme katumuksen rukouksia Jumalan pyhätössä Herran päivänä.

Sen jälkeen kun suitsukkeen alttarin päällä oleviin sarviin on sivelty verta kaikki veri kaadettiin alttarin juurelle polttouhriksi. Tämä teko tarkoittaa sitä että me uhraamme Jumalalle veren sen kokonaisuudessaan, mikä itse tarkoittaa elämän uhraamista. Hengellisesti tämä tarkoittaa sitä että me kadumme koko omistautuneella sydämellämme. Jumalaa vastaan tehtyjen syntien anteeksi saaminen vaatii koko sydämellämme ja mielellämme uhrattua katumusta sekä suurta ja vilpitöntä vaivannäköä. Kukaan Jumalan edessä aidosti katunut ei enää uskaltaisi tehdä samaa syntiä uudelleen Hänen edessään.

Seuraavaksi papit poistavat härästä syntiuhriksi kaiken rasvan ja uhraavat ne alttarilla polttouhrina noudattaen tässä samaa prosessia rauhanuhrin kanssa. Tämän jälkeen papit tuovat uhrin temppelin ulkopuolelle missä tuhkat kaadetaan maahat ja pappi polttaa härän vuodan, sekä kaiken sen lihan päineen, jalkoineen ja sisälmyksineen (3. Moos. 4:8-12). Polttamalla uhraaminen merkitsee sitä että totuudessa ainostaan totuus säilyy kun meidän minuutemme tuhoutuu.

Samalla tavalla kun rauhanuhrin yhteydessä rasva erotetaan uhrista niin myös syntiuhrin yhteydessä tämä rasva erotetaan ja sitten uhrataan alttarilla. Härän rasvan uhraaminen alttarilla kertoo meille että Jumala hyväksyy ainoastaan koko sydämellä, mielellä ja kaikin voimin uhratun katumuksen.

Rauhanuhrin yhteydessä kaikki härän osat poltettiin alttarilla kun taas syntiuhrin yhteydessä teltan ulkopuolella poltetaan kaikki paitsi rasva ja munuaiset kun taas uhrin tuhkat kaadetaan maahan. Mistä tämä johtuu?

Polttouhri on hengellinen palvonnan palvelu jonka tarkoituksena on miellyttää Jumalaa ja saavuttaa yhteys Hänen kanssan. Tämän tähden se uhrataan alttarin päällä polttamalla. Syntiuhrin tarkoituksena on lunastaa meidät epäpuhtaista synneistä ja niin sitä ei voida antaa temppelin sisäpuolella olevan alttarin päällä, ja niin se poltetaan kokonaisuudessaan kaukana sellaisesta paikasta missä ihmiset asuvat.

Jopa tänäkin päivänä meidän pitää yrittää heittää pois ne synnit mitä me olemme Jumalan edessä katuneet. Meidän pitää sytyttää Pyhän Hengen avulla tuleen ylpeys, kopeus sekä meidän maailmalliseen elämään kuuluva minämme. Meidän pitää polttaa pois myös syntisen kehon teot jotka ovat Jumalan edessä epäsopivia. Tulessa annettu uhri, härkä, on saanut päälleen sen ihmisen synnit joka on laskenut kätensä sen päälle. Tämän tähden tuosta hetkestä eteenpäin tämän henkilön pitää astua eteen Jumalaa miellyttävänä elävänä uhrina.

Mitä meidän pitää sitten tehdä tänään saavuttaaksemme kaiken tämän? Uhratun härän piirteet sekä meidän puolesta ristillä kuolleen Jeesuksen piirteiden hengellinen merkitys on selitetty aiemmin. Tämän tähden meidän pitää muuttua Jumalan uhrin tavoin täysin kokonaan siitä hetkestä alkaen kun me kadumme ja uhraamme kaikki uhrin osat tulessa. Palvelemalla tunnollisesti meidän Herramme puolesta me sallimme uskovien laskea taakkansa pois ja antaa heille vain totuutta ja hyviä asioita. Omistautumalla ja auttamalla meidän kirkkomme jäseniä jalostamaan heidän sydämensä maaperää kyynelin, omistautuneisuuden ja rukouksen kautta meidän pitää auttaa meidän sisariamme ja veljiämme muuttumaan aidoiksi Jumalan pyhittyneiksi lapsiksi. Tällöin Jumala pitää meidän katumista aitona ja johdattaa meidät siunausten tielle.

Me emme ole kaikki pappeja mutta 1. Piet. 2:9 sanoo: *"Mutta te olette 'valittu suku, kuninkaallinen papisto, pyhä heimo, omaisuuskansa, julistaaksenne sen jaloja tekoja', joka on pimeydestä kutsunut teidät ihmeelliseen valkeuteensa."* Kaikkien meidän Herraan uskovien pitää tulla pappien tavoin täydellisiksi ja Jumalan uskollisiksi lapsiksi.

Tämän lisäksi Jumalalle uhratun uhrin pitää olla katumuksen

säestämää kun me sovitamme syntejämme. Kuka tahansa joka katuu pahoja tekojaan tulee luonnollisesti johdatetuksi antamaan uhreja ja kun nämä teot seuraavat tämänkaltaista sydäntä sitä voidaan pitää katumuksena Jumalan edessä.

3. Koko seurakunnan syntiuhri

"Ja jos koko Israelin seurakunta erehdyksestä tekee rikkomuksen ja seurakunta ei siitä tiedä ja he rikkomalla jotakuta Herran käskyä vastaan ovat tehneet sellaista, mitä ei saa tehdä, ja niin joutuneet vikapäiksi, ja jos sitten rikkomus, jonka he ovat tehneet sitä vastaan, tulee tunnetuksi, niin tuokoon seurakunta mullikan syntiuhriksi ja vieköön sen ilmestysmajan eteen" (3. Moos. 4:13-14).

Nykyajan kielellä koko seurakunnan synti viittaa koko kirkon tekemään syntiin. On esimerkiksi aikoja jolloin kirkkoon muodostuu kuppikuntia pastoreiden, vanhempien, ja diakonissojen ympärille ja tämä tuottaa vaikeuksia koko seurakunnalle. Sen jälkeen kun nämä kuppikunnat luovat ja aloittavat eripuraisuutta tämä kirkko päätyy lopulta tekemään syntiä kun kirkon jäsenet ottavat riitoihin osaa, puhuvat toisistaan pahaa tai ajattelevat toisistaan pahoja ajatuksia. Tämä synnin tekeminen luo korkean muurin kirkon ja Jumalan välille.

Jumala on sanonut meille että meidän pitää rakastaa

vihamiehiämme, palvella muita, olla nöyrä, muiden kanssa rauhassa sekä etsiä pyhyyttä. Kuinka noloa ja nöyryyttävää onkaan Jumalalle kun Herran palvelijat ja heidän laumansa ovat riitaisia tai kun veljet ja sisaret Kristuksessa vastustavat toisiaan? Kirkko missä tämänkaltaista tapahtuu ei ole Jumalan suojeluksessa. Tämä kirkko ei tule kokemaan herätystä ja vaikeudet tulevat seuraamaan sen jäsenten koteja ja liikeyrityksiä.

Kuinka koko seurakunta voi saada syntinsä anteeksi? Seurakunnan on tuotava härkä ilmestysmajaan kun sen synti tulee ilmi. Sen vanhimmat laskevat kätensä uhrin pään päälle, teurastavat sen Herran edessä ja uhraavat sen Hänelle samalla tavalla kuin papit uhraavat omat uhrinsa. Pappien ja seurakunnan syntiuhrit annetaan täsmälleen samalla tavalla. Tämä tarkoittaa sitä että Jumalan silmissä seurakunnan ja papin tekemät synnit ovat yhtä raskaita.

Syntiä tehneen papin tulee uhrata virheetön härkä kun taas koko seurakunnan pitää antaa vain miespuolinen härkä. Tämä johtuu siitä että koko seurakunnan on vaikeaa olla yhtä sydäntä ja uhrata ilossa ja kiitollisuudessa.

On mahdollista että kirkon jäsenten joukossa on ihmisiä joilla ei ole uskoa tai jotka kieltäytyvät katumasta kun kirkko sen kokonaisuudessaan on tehnyt syntiä haluten sitten katua. Koko seurakunnan ei ole helppoa antaa virheetöntä uhria Jumalalle, ja niin Jumala on osoittanut tässä suhteessa armoa. Jumala ottaa syntiuhrin vastaan ja antaa seurakunnalle anteeksi siitä huolimatta että osa ihmisistä ei ole antanut syntiuhria koko sydämellään.

Seurakunnan vanhimmat laskevat kätensä uhrin pään päälle koko seurakunnan antaessa uhria Jumalalle sillä on selvää että koko seurakunta ei pysty laskemaan käsiään uhrin päälle.

Uhrin antamisen prosessi on muuten täysin sama pappien uhrin antamisen kanssa aina siitä lähtien että pappi kastaa sormensa uhrivereen, sen pirskottaminen seitsemän kertaa pyhätön verhon edessä, sen sivelemiinen suitsukealttarin sarviin ja uhrin muiden osien polttaminen leirin ulkopuolella. Tämän hengellinen merkitys on synneistä kokonaan pois kääntyminen. Meidän pitää myös uhrata katumuksen rukousta Pyhän Hengen tekojen säestämänä Jumalan pyhätössä niin että katumus otetaan vastaan. Synnin ei pidä enää koskaan toistua sen jälkeen kun koko seurakunta on katunut yhdellä sydämellä tällä tavalla.

4. Johtajan syntiuhri

3. Moos. 4:22-24 sanoo:

"Jos päämies tekee rikkomuksen ja erehdyksestä rikkomalla jotakuta Herran, Jumalansa, käskyä vastaan tekee sellaista, mitä ei saa tehdä, ja niin joutuu vikapääksi, ja hän sitten saa tietää rikkomuksensa, jonka hän on tehnyt, niin tuokoon uhrilahjanaan kauriin, virheettömän urospuolen, ja laskekoon kätensä kauriin pään päälle ja teurastakoon sen siinä paikassa, jossa polttouhriteuraat Herran edessä

teurastetaan; se on hänen syntiuhrinsa."

Päämiehet tai johtajat omaavat pappeja alhaisemman arvon mutta heillä on kuitenkin asema missä he ohjaavat muita ja niin heidän asemansa eroaa tavallisista ihmisistä. Tämän tähden johtajat uhraavat Jumalalle miespuolisia vuohia. Tämän on vähäisempää kuin pappien uhraamat härät mutta enemmän kuin tavallisten ihmisten syntiuhreina uhraamat naispuoliset vuohet.

Nykyajan kielellä päämies viittaa kirkossa olevaan solun johtajaan tai pyhäkoulun opettajaan. Johtajat ovat asemassa missä he paimentavat kirkon jäseniä. Toisin kuin uskossa tuoreet tavalliset jäsenet, heidät on asetettu erilleen Jumalan edessä ja niin heidän pitää antaa Jumalalle suurempia katumuksen uhreja vaikka heidän tekemänsä synti ei eroaisikaan muiden tekemistä synneistä.

Ennen vanhaan vanhemmat laskivat kätensä virheettömän pukin pään päälle siirtäen syntinsä sen päälle teurastaen sen sitten Jumalan edessä. Johtaja saa syntinsä anteeksi kun pappi kastaa sormensä vereen, sivelee sitä suitsukealttarin sarviin ja kaataa loput pukin verestä alttarin juurelle. Kuten rauhanuhrin kanssa, niin myös nytkin uhrin rasva uhrataan alttarin päällä tulessa.

Toisin kuin papit, johtajat eivät pirskota verta seitsemän kertaa pyhätön verhon edessä. He osoittavat katumuksensa sivelemällä verta suitsukealttarin sarvien päälle ja Jumala hyväksyy tämän. Tämä johtuu siitä että uskon mitta vaihtelee pappien ja johtajien välillä. Papin ei pitänyt koskaan tehdä syntiä katumuksensa jälkeen ja niin hänen piti pirskotella verta seitsemän kertaa, mikä on hengellisesti täydellinen numero.

Johtaja voi kuitenkin tietämättään tehdä uudestaan syntiä ja tästä syystä häntä ei käsketä pirskottamaan uhrieläimen verta seitsemän kertaa. Tämä on merkki siitä kuinka paljon rakkautta ja armoa jokaisen oman uskon mittansa verran katumista haluava Jumala omaa. Me olemme tässä puhuneet papeista sekä johtajista jotka viittaavat vanhemmassa osassa olevaan kirkon jäseneen. Nämä viittaukset eivät kuitenkaan päde vain Jumalan antamiin velvollisuuksiin kirkossa vaan myös jokaisen uskovan uskon mittaan.

Papin pitäisi tulla uskossaan pyhittyneeksi ja sitten ottaa lauman ohjaaminen tehtäväkseen. On vain luonnollista että laumaa ohjaavan henkilön, kuten pyhäkoulun opettajan tai ryhmän johtajan, uskon taso on eri tasolla tavallisen kirkon jäsenen uskosta vaikka hän ei olisikaan saavuttanut pyhittymistä. Samalla tavalla kuin papin, johtajan ja tavallisen kirkon jäsenen uskon mitat eroavat toisistaan, niin myös Jumalan hyväksymä katumus sekä synnin vakavuus vaihtelevat vaikka heidän tekemänsä synnit olisivatkin identtisiä.

Tämä ei kuitenkaan tarkoita sitä että uskova voisi ajatella itsekseen, että "Minun uskoni ei ole vielä täydellistä ja niin Jumala antaa minulle toisen mahdollisuuden vaikka minä tekisinkin myöhemmin lisää syntiä" ja sitten katua tämänkaltaisella sydämellä. Jumalan anteeksiantoa ei anneta jos henkilö tekee syntiä tahallaan ja tietoisesti, vaan ainoastaan jos hän on tehnyt syntiä tietämättään ja myöhemmin sitten tullut tästä tietoiseksi ja katunut ja pyytänyt anteeksiantoa. Tämän lisäksi Jumala ottaa katumuksen vastaan sen jälkeen kun henkilö on tehnyt syntiä ja katunut vasta sitten kun tämä henkilö on tehnyt kaikkensa palavan rukouksen säestämänä jotta hän ei enää koskaan tekisi tätä samaa syntiä uudelleen.

5. Tavallisten ihmisten syntiuhri

"Tavalliset ihmiset" ovat vähäisen uskon omaavia ihmisiä tai kirkon tavallisia jäseniä. Tavallisten ihmisten tehdessä syntiä he tekevät näin vähäisen uskonsa tähden ja niin heidän syntiuhrinsa on vähäisempi kuin papin tai johtajan syntiuhrit. Tavallisen ihmisen pitää uhrata Jumalalle virheetön naispuolinen vuohi mikä on miespuolista vuohta vähäisempi uhri. Kuten papin tai johtajan syntiuhrin yhteydessä, pappi kastaa sormensa tavallisen ihmisen syntiuhrin vereen, sivelee sitä alttarin päällä oleviin sarviin ja kaataa sitten loput alttarille.

On todennäköistä että tavallinen ihminen tulee tekemään syntiä uudelleen vähäisen uskonsa tähden mutta Jumala kuitenkin armahtaa hänet myötätunnossaan jos hän katuu sydämensä pohjasta syntiä tehtyään. Se että Jumala on käskenyt että tavallisen henkilön täytyy uhrata naispuolinen vuohi merkitsee sitä että tällä uskon tasolla synnit voidaan saada helpommin anteeksi kuin jos meidän täytyisi uhrata miespuolinen vuohi tai lammas. Tämä ei kuitenkaan tarkoita sitä että Jumala sallisi kohtuullista katumista. Meidän pitää katua aidosti päättäen että me emme enää koskaan tee syntiä.

Kun vähäistä uskoa omaava henkilö ymmärtää syntinsä ja katuu niitä tehden kaikkensa jotta hän ei enää tekisi syntiä tämä voi johtaa siihen että hänen syntinsä tekemisen lukumäärä voi muuttua kymmenestä viiteen ja sitten kolmeen kunnes hän lopulta pystyy heittämään tämän synnin kokonaan pois. Jumala hyväksyy hedelmien säestämän katumuksen. Hän ei ota vastaan katumusta edes tuoreelta uskovalta jos tämä katumus koostuu pelkästään sanoista ilman että henkilön sydän muuttuu lainkaan.

Jumala iloitsee kun tuore uskova katuu syntejään välittömästi ne huomatessaan ja heittää ne tunnollisesti pois. Sen sijaan että hän sanoisi itselleen "Minun uskoni on tällä tasolla joten tämä riittää minulle" hän saa ottaa vastaan yhä enemmän ylitsevuotavaa rakkautta ja siunauksia Jumalalta katumuksessaan ja rukouksessaan sekä myös palvonnassaan ja kaikilla muilla elämän alueilla.

2. Moos. 4:32 sanoo että jos henkilöllä ei ole varaa antaa naispuolista vuohta hänen pitää antaa sen sijaan virheetön lammas. Köyhät ihmiset antoivat kaksi kyyhkystä ja vieläkin köyhemmät pienen määrän jauhoja (2. Moos. 5:7, 11). Oikeudenmukaisuuden Jumalan jakoi ja hyväksyi syntiuhrit jokaisen yksilön uskon mitan mukaan.

Me olemme tähän mennessä puhuneet siitä kuinka me voimme saavuttaa rauhan ja sovituksen Jumalan kanssa tutkiskelemalla Hänelle uhrattuja syntiuhreja joita uskon eri tasolla olevien ihmisten on annettava. Minä toivon että jokainen tämän lukija tekisi rauhan Jumalan kanssa tutkiskelemalla omia Jumalan antamia velvollisuuksia sekä oman uskonsa tasoa, sekä katumalla perinpohjin syntejä ja vikoja milloin tahansa synnin muuri seisoo hänen polkunsa ja Jumalan välillä.

Luku 7

Vikauhri

"Jos joku lankeaa uskottomuuteen
ja erehdyksestä rikkoo anastamalla sitä,
mikä on Herralle pyhitetty,
tuokoon hyvityksenä Herralle vikauhriksi
virheettömän oinaan pikkukarjasta,
niin monen hopeasekelin arvoisen,
pyhäkkösekelin painon mukaan,
kuin sinä arvioit."

3. Moos 5:15

1. Vikauhrin merkitys

Ihmiset antavat Jumalalle vikauhrin lunastaakseen itsensä tekemistään synneistä. Ihmisten tehdessä syntiä Jumalaa vastaan heidän pitää uhrata Hänelle vikauhri ja katua Hänen edessään. Riippuen siitä minkälaista syntiä me olemme tehneet meidän pitää katumisen lisäksi ottaa vastuu tekemistämme vääryyksistä. Ystävältään jonkin esineen lainannut henkilö voi esimerkiksi vahingoittaa sitä vahingossa. Tässä tapauksessa tämä henkilö ei voi vain sanoa 'olen pahoillani.' Hänen pitää anteeksipyytämisen lisäksi korvata esine ystävälleen. Jos hän ei pysty hankkimaan ystävälleen vastaavaa esinettä tilalle hänen pitää maksaa tälle esineen arvoa vastaava summa korvaukseksi. Tämä on aitoa katumusta.

Vikauhrin antaminen edustaa rauhan luomista vastuun ottamisen tai korvaamisen maksamisen kautta. Tämä sama koskee Jumalan edessä katumiseen. Meidän pitää korvata veljillemme ja sisarillemme Kristuksessa tekemämme haita, ja meidän pitää näyttää Hänelle aitoja katumuksen tekoja jotta meidän katumuksemme voisi olla täydellistä sen jälkeen kun me olemme tehneet syntiä.

2. Vikauhrin antaminen

1) Väärän todistuksen antamisen jälkeen

3. Moos. 5:1 sanoo: *"Jos joku rikkoo siten, että hän, vaikka*

kuulee vannotuksen ja voisi olla todistajana, joko hän on ollut silminnäkijänä tahi muuten saanut asiasta tietää, ei kuitenkaan ilmoita sitä ja niin joutuu syynalaiseksi." On hetkiä jolloin ihmiset jotka ovat vannoneet kertovansa totuuden antavat väärän todistuksen kun heidän oma etunsa on kyseessä.

Kuvittele, esimerkiksi, että sinun lapsesi olisi tehnyt rikoksen josta syytetään viatonta ihmistä. Uskotko sinä että sinä pystyisit antamaan todenmukaisen todistuksen jos sinut kutsuttaisiin todistajaksi? Ihmiset eivät ehkä tietäisi totuutta jos sinä olisit hiljaa lastasi suojellaksesi. Sinä kuitenkin samalla aiheuttaisit vahinkoa tälle viattomalle ihmiselle. Toisin kuin ihmiset, Jumala näkee kaiken. Tämän tähden todistajan pitää todistaa täsmälleen mitä hän on nähnyt ja kuullut taatakseen sen että hänen antamansa todistajanlausunto on oikea niin että kukaan ei kärsi vääryyttä hänen tähtensä.

Tämä sama pätee meidän jokapäiväisessä elämässämme. Monet meistä eivät kykene kommunikoimaan tarkasti mitä me olemme nähneet tai kuulleet ja tämän tähden me annamme eteenpäin väärää informaatiota oman mielemme vaikutuksen tähden. Tämänkaltaisten todistusten tähden viattomia ihmisiä syytetään rikoksista joita he eivät ole tehneet ja niin he joutuvat kärsimään syyttömästi. Jaak 4:17 sanoo: *"Joka siis ymmärtää tehdä sitä, mikä hyvää on, eikä tee, hänelle se on synniksi."* Totuuden tietävien Jumalan lasten pitää elää totuuden mukaisesti ja todistaa vain totuuden mukaisesti niin että kukaan ei joudu heidän tähtensä vaikeuksiin tai koe harmia.

Me puhumme aina kaikessa totuudenmukaisesti jos totuus

ja hyvyys ovat asettuneet meidän sydämeemme. Me emme puhu toisista pahaa, syyttele muita, vääristele totuutta tai anna asiaankuulumattomia vastauksia. Henkilön pitää antaa vikauhri jos hän on vahingoittanut muita antamalla väärän todistuksen tai välttämällä todistuksen antamista kun sitä on tarvittu.

2) Koskettuaan saastaiseen

3. Moos. 5:2-3 sanoo:

Tahi jos joku tietämättään koskee johonkin saastaiseen, mihin tahansa, joko saastaisen metsäeläimen raatoon tai saastaisen kotieläimen raatoon tai saastaisen matelijan raatoon, ja on siten tullut saastaiseksi ja vikapääksi; tahi jos hän tietämättään koskee ihmisen saastaan, olipa se mitä saastaa tahansa, josta tulee saastaiseksi, mutta sitten huomaa sen ja joutuu vikapääksi.

Tässä 'saastaiset asiat' viittaavat kaikkeen epätotuudelliseen käytökseen mikä totuuden vastaista. Tämänkaltainen käytös pitää sisällään kaiken nähdyn, kuullun ja puhutun sekä lisäksi myös sen mitä me olemme tunteneet sydämellämme ja kehollamme. On asioita joita me emme pitäneet syntisinä aikana ennen kuin me opimme totuudesta. Tultuamme uskoon me olemme kuitenkin alkaneet pitää näitä samoja asioita Jumalan edessä sopimattomina. Ennen kuin me tunsimme Jumalaa me olemme kenties saattaneet kohdataväkivaltaa ja pornografian kaltaista moraalitonta materiaalia ymmärtämättä kuinka saastaisia nämä asiat olivat. Aloitettuamme elämämme Kristuksessa me olemme kuitenkin oppineet että nämä asiat ovat totuuden vastaisia. Ymmärrettyämme että me olemme harjoittaneet asioita jotka ovat totuuteen verrattuna saastaisia meidän pitää katua ja uhrata Jumalalle vikauhri.

On kuitenkin hetkiä jopa senkin jälkeen kun me olemme aloittaneet elämämme Kristuksessa jolloin me näemme ja kuulemme tahattomasti pahoja asioita. Olisi hyvä jos me pystyisimme vartioimaan sydäntämme jopa senkin jälkeen kun me olemme nähneet tai kuulleet tämänkaltaisia asioita. On kuitenkin mahdollista että uskova ei ehkä pysty hillitsemään sydäntään vaan ottaa näitä saastaisia asioita seuraavat tunteet omakseen, ja tämän tähden hänen pitää katua välittömästi syntinsä tunnistettuaan ja uhrata Jumalalle vikauhri.

3) Vannomisen jälkeen

3. Moos 5:4 sanoo: *"tahi jos joku, ajattelemattomasti puhuen huulillansa, tietämättään vannoo tekevänsä jotakin, pahaa tai hyvää-vannoipa mitä hyvänsä, mitä ihminen saattaa ajattelemattomasti vannoa-mutta sitten huomaa sen ja joutuu johonkin sellaiseen."* Jumala on kieltänyt meitä vannomasta hyvää tai pahaa.

Miksi Jumala kieltää meitä vannomasta tai antamasta valaa? On luonnollista että Jumala kieltää meitä vannomasta jotakin "pahaa" mutta Hän kieltää meitä myös vannomasta "hyvää" sillä ihminen ei pysty pitämään sataprosenttisesti mitä hän on vannonut (Matteus 5:33-37; Jaak 5:12). Ihmisen sydän muuttuu hänen omien etujensa ja tunteidensa mukaisesti eikä se pysty pitämään valaansa. On myös hetkiä jolloin paholais-vihollinen ja Saatana sekaantuvat uskovien elämään ja estävät heitä täyttämästä heidän valaansa niin että ne voivat sitten syyttää näitä uskovia. Ajattele tätä ääriesimerkkiä: Kuvittele, että joku vannoo, sanoen "Minä teen tämän huomenna" mutta sitten kuolisi seuraavana päivänä. Kuinka hän voisi täyttää valansa? Tästä syystä meidän ei pidä koskaan vannoa tekevämme pahaa. Ja vaikka me haluaisimmekin vannoa tekevämme hyvää meidän pitää sen sijaan rukoilla Jumalaa ja pyytää Häneltä voimaa. Henkilön pitääkin rukoilla sanoen "Jumala, auta minua rukoilemaan lakkaamatta ja suojele minua paholais-vihollisen ja Saatanan teoilta" sen sijaan että me vannoisimme, sanoen "Minä tulen käymään rukouskokouksissa joka päivä." Jokaisen joka on antanut valan tulee katua ja uhrata Jumalalle vikauhri.

Jos henkilö tekee syntiä ylläolevissa olosuhteissa hän *"tuokoon hyvityksenä Herralle rikkomuksesta, jonka hän on tehnyt, naaraspuolen pikkukarjasta, uuhen tai vuohen, syntiuhriksi; ja pappi toimittakoon hänelle sovituksen hänen rikkomuksestansa"* (3. Moos. 5:6).

Tässä syntiuhrin antamisen käsky annetaan samaan aikaan kuin vikauhrista kertova selitys. Tämä johtuu siitä että meidän pitää antaa syntiuhreja niiden syntien tähden joiden edestä me annamme myös vikauhreja. Syntiuhrin antaminen, kuten jo selitetty, tarkoittaa Jumalan edessä katumista syntien takia sekä synneistä pois kääntymistä. Me olemme kuitenkin jo käyneet läpi kuinka synnin uhri muuttaa henkilön katumuksen täydelliseksi kun hän on kääntänyt sydämensä pois synnistä ja ottanut teoistaan vastuun ja kun hän maksaa synneistään tiettyjen tekojen kautta.

Näissä olosuhteissa henkilön ei pidä vain muuttaa tapojaan vaan myös uhrata Jumalalle synnin uhrin säestämä vikauhri Hänen edessään katuen. Meidän pitää katua Jumalan edessä vaikka me olisimmekin vain tehneet vääryyttä toista ihmistä kohtaan sillä me olemme tällöin tehneet jotakin mitä meidän ei Jumalan lapsena olisi pitänyt tehdä.

Kuvittele, että mies on pettänyt sisartaan ja ottanut jotakin tälle kuuluvaa omaisuutta. Jos tämä veli haluaa katua hänen pitää ensin muuttaa sydämensä ja katua tekojaan heittäen ahneuden ja kavaluuden pois. Hänen täytyy tämän jälkeen saada anteeksi sisareltaan jota kohtaan hän oli tehnyt vääryyttä. Ei kuitenkaan riitä että hän pyytää anteeksi vain huulillaan vaan hänen pitää myös hyvittää sisarelleen tämän kokemat menetykset. Tässä miehen syntiuhri on se että hän kääntyy synneistään pois ja katuu Jumalan edessä, ja hänen vikauhrinsa on se se että hän katuu hakien sisarensa anteeksiantamusta korvaten hänelle kaikki hänen kokemansa menetykset.

3. Moos. 5:6 kertoo kuinka Jumala käskee että meidän pitää antaa vikauhrina naispuolinen lammas tai vuohi. Seuraava jae kertoo että jos henkilöllä ei ole varaa lampaaseen tai vuoheen hänen pitä uhrata kaksi kyyhkystä uhrina. Huomaa että tässä

pitää uhrata kaksi lintua. Tässä yksi annetaan vikauhrina ja yksi polttouhrina.

Miksi Jumala on käskenyt että meidän pitää uhrata kaksi uhria samanaikaisesti kahden linnun muodossa? Polttouhri edustaa sapatin pyhittämistä. Jumalalle sunnuntaina annettu palvelus on hengellistä palvontaa. Tämän tähden se että ennen aikaan ihmisten piti uhrata vikauhrina ja polttouhrina kaksi lintua samanaikaisesti tarkoittaa sitä että ihmisen katumus tulee täydelliseksi kun sitä säestää lepopäivän pyhittäminen. Täydellinen katumus ei ole vain sitä että me kadumme kun me ymmärrämme tehneemme syntiä vaan myös sitä että me tunnustamme syntimme ja palvomme Häntä sunnuntaisin.

Henkilön, joka on niin köyhä ettei hänellä ole varaa edes lintuihin, täytyy uhrata Jumalalle noin kymmenyksen verran vanhasta mitasta (noin 22 litraa) hienoja jauhoja. Vikauhrin pitäisi olla eläinuhri sillä eläin on anteeksiannon uhri. Armossaan Jumala on kuitenkin sallinut köyhien uhrata jauhoja sen sijaan että heidän pitäisi uhrata eläin minkä hankkimiseen heillä ei ole varaa niin että myös he voisivat saada syntinsä anteeksi.

Jauhon muodossa annetun vikauhrin ja ruokauhrin välillä on kuitenkin ero. Ruokauhriin lisättiin öljyä ja suitsuketta niiden ulkonäöon ja maun parantamiseksi kun taas vikauhriin ei lisätä mitään. Miksi näin? Sovitusuhrin polttaminen on sama kuin meidän syntiemme polttaminen.

Se että vikauhriin ei lisätä öljyä tai suitsuketta kertoo hengellisesti siitä minkälaiselle asenteella meidän pitää astua

Jumalan eteen katumaan. 1. Kun. 21:27 sanoo että kuningas Ahabin katuessa Jumalan edessä hän *"repäisi hän vaatteensa, pani paljaalle iholleen säkin ja paastosi. Ja hän makasi säkki yllänsä ja liikkui hiljaa."* Katumusta sydämessään kantava luonnollisesti käyttäytyy eri tavallla, hillitsee itsensä ja nöyrtää itsensä. Hän on sanojensa suhteen varovainen ja tarkkailee käyttäytymistään sekä näyttää Jumalalle kuinka hän yrittää elää oikeanlaista elämää.

4) Sen jälkeen kun me olemme tehneet syntiä pyhää asiaa vastaan tai aiheuttaneet vahinkoa veljellemme

3. Moos. 5:15-16 sanoo:

Jos joku lankeaa uskottomuuteen ja erehdyksestä rikkoo anastamalla sitä, mikä on Herralle pyhitetty, tuokoon hyvityksenä Herralle vikauhriksi virheettömän oinaan pikkukarjasta, niin monen hopeasekelin arvoisen, pyhäkkösekelin painon mukaan, kuin sinä arvioit. Ja mitä hän on pyhitetystä anastanut itselleen, sen hän korvatkoon ja pankoon siihen lisäksi vielä viidennen osan sen arvosta ja antakoon sen papille. Kun pappi näin on toimittanut hänelle sovituksen uhraamalla vikauhrioinaan, annetaan hänelle anteeksi.

Herralle pyhitetty viittaa Herran pyhättöön tai kaikkiin siinä oleviin esineihin. Edes pappi tai itse uhrin antanut henkilö ei voi ottaa, käyttää tai myydä mitään mikä on varattu Jumalalle ja mitä siten pidetään pyhänä. Tämän lisäksi meidän täytyy pitää pyhänä pyhitettyjen asioiden lisäksi myös koko pyhättöä. Pyhättö on paikka minkä Jumala on asettanut muusta erilleen ja mille Hän on antanut nimensä.

Meidän ei pidä sanoa mitään maailmallisia tai epätotuuden mukaisia asioita pyhätössä. Vanhempia olevien uskovien täytyy myös opettaa lapsilleen että he eivät saa juosta tai leikkiä pyhätössä, tehdä häiritseviä ääniä, sotkea tai vahingoittaa mitään pyhätössä olevia pyhiä esineitä.

Henkilön, joka vahingossa tuhoaa Jumalan pyhän esineen täytyy korvata tämä esine joko samanlaisella tai paremmalla ja virheettömällä esineellä. Tämän lisäksi korvatun esineen lunastussumman ei pidä vastata esineen arvoa vaan siihen täytyy lisätä viidennes esineen arvosta vikauhrina. Jumala on käskenyt meitä näin muistuttaakseen meitä siitä että meidän täytyy käyttäytyä sopivalla tavalla ja hillitysti. Meidän täytyy olla aina varovaisia kun me käsittelemme pyhiä esineitä niin että me emme vahingoita tai käytä mitään Jumalalle kuuluvaa väärällä tavalla. Meidän täytyy katua sydämemme pohjasta ja korvata vahingoittunut esine sen arvoa suuremmalla summalla jos me olemme rikkoneet tai vahingoittaneet jotakin varomattomuutemme johdosta.

3. Moos. 6:2-5 kertoo meille kuinka henkilö voi saaa syntinsä anteeksi jos hän *"tekee rikkomuksen ja on uskoton Herraa kohtaan kieltämällä saaneensa lähimmäiseltään, mitä tämä*

on hänen haltuunsa antanut tai hänen hoitoonsa uskonut, tahi mitä hän itse on väkisin ottanut tai vääryydellä anastanut lähimmäiseltään" tai "jos hän on löytänyt kadotetun esineen ja kieltää sen, tahi vannoo väärin missä asiassa tahansa, jossa ihminen helposti rikkoo." Tällä tavalla me kadumme niitä vääryyksiä joita me teimme ennen Jumalan kohtaamista, ja me kadumme ja saamme anteeksi syntimme kun me ymmärrämme että me olemme huomaamattamme ottaneet itsellemme jonkun toisen omaisuutta.

Voidaksemme sovittaa tämänkaltaiset synnit meidän pitää maksaa esineen alkuperäiselle omistajalle sen täyden korvaushinnan lisäksi viidennes tästä summasta. Tässä viidennes ei välttämättä tarkoita vain rahasummaa. Tämä tarkoittaa myös sitä että henkilön osoittaessa katumuksen tekoja näiden pitää olla lähtöisin hänen sydämestään. Tällöin Jumala antaa hänelle hänen syntinsä anteeksi. On esimerkiksi aikoja jolloin me emme voi laskea kaikkia menneisyyden tekojamme yksitellen tai maksaa niitä tarkasti takaisin. Tällaisissa tapauksissa meidän pitää vain osoittaa tunnollisesti katumuksen tekoja tuosta hetkestä eteenpäin. Me voimme antaa tunnollisesti Jumalan kuningaskunnalle tai auttaa apua tarvitsevia taloudellisesti sillä rahalla mitä me olemme ansainneet työstämme tai liiketoiminnastamme. Jumala tunnustaa aidosti katuvan henkilön sydämen ja antaa hänelle hänen syntinsä anteeksi.

Pitäkää mielessänne että vika- tai syntiuhrin tärkein osa on katumus. Jumala ei halua meiltä muuta kuin uskollisen hengen (Psalmi 51:17). Täten meidän pitää katua syntejämme ja tekemäämme pahuutta sydämemme pohjasta ja kantaa tämän hedelmiä Jumalaa palvoessamme. Minä toivon että te voisitte kulkea aina Hänen ylitsevuotavien siunausten ja rakkauden kera uhratessanne Jumalalle palvontaa ja uhreja Häntä miellyttävällä tavalla ja eläessänne elämänne elävänä uhrina Häntä miellyttävällä tavalla.

Luku 8

Antakaa ruumiinne eläväksi ja pyhäksi uhriksi

"Niin minä Jumalan armahtavan
laupeuden kautta kehoitan teitä, veljet,
antamaan ruumiinne eläväksi, pyhäksi,
Jumalalle otolliseksi uhriksi;
tämä on teidän järjellinen jumalanpalveluksenne."

Room. 12:1

1. Salomonin tuhat polttouhria ja siunausta

Salomon nousi valtaistuimelle 20 vuoden iässä. Hän oli nuoruudestaan saakka saanut opetusta profeetta Naatanilta ja hän oli Jumalan rakastama. Hän seurasi isänsä, kuningas Daavidin, lakeja. Valtaistuimelle noustuaan Salomon uhrasi Jumalalle tuhat polttouhria.

Tuhannen polttouhrin antaminen ei ollut missään nimessä helppo asia. Vanhan testamentin aikana oli paljon rajoituksia sen suhteen missä, milloin ja kuinka uhreja piti antaa. Toisin kuin tavalliset ihmiset, kuningas Salomon tarvitsi myös suuremman tilan uhrien antamiseen kaikkien häntä seuraavien ihmisten ja hänen suuren uhrimääränsä tähden. 2. Aik. 1:2-3 sanoo: *"Ja Salomo antoi kutsun koko Israelille, tuhannen- ja sadanpäämiehille, tuomareille ja kaikille ruhtinaille koko Israelissa, perhekunta-päämiehille; ja niin Salomo ja koko seurakunta hänen kanssaan menivät uhrikukkulalle, joka oli Gibeonissa, sillä siellä oli Jumalan ilmestysmaja, jonka Herran palvelija Mooses oli tehnyt erämaassa."* Salomon meni Gibeoniin sen tähden että Mooseksen rakentama ilmestysmaja oli siellä.

Salomon meni koko väkijoukon kanssa Herran eteen ja uhrasi Hänelle tuhat polttouhria. Me olemme jo aikaisemmin selittäneet että polttouhri on Jumalalle uhrattu tuoksu joka on peräisin siitä että me olemme polttaneet eläinuhrin, ja tämä edustaa täydellistä uhrautumista ja omistautumista Jumalalle sillä se uhraa Jumalalle elämän.

Tuona yönä Jumala ilmestyi Salomonille unessa ja sanoi: *"Ano, mitä tahdot minun sinulle antavan"* (2. Aik. 1:7) Salomon vastasi:

> *Sinä olet tehnyt suuren laupeuden minun isälleni Daavidille ja tehnyt minut kuninkaaksi hänen sijaansa. Niin toteutukoon nyt, Herra Jumala, sinun isälleni Daavidille antamasi sana; sillä sinä olet pannut minut hallitsemaan kansaa, jota on paljon niinkuin tomua maassa. Anna siis minulle viisaus ja taito lähteä ja tulla tämän kansan edellä, sillä kuka voi muuten tätä sinun suurta kansaasi tuomita?* (2. Aik. 1:8-10)

Salomon ei pyytänyt rikkauksia, vaurautta, kunniaa, vihamiestensä kuolemaa tai pitkää elämää itselleen. Hän pyysi vain viisautta ja tietoutta jonka turvin hän voisi hallita kansaansa hyvin. Jumala oli Salomonin vastaukseen erittäin tyytyväinen ja antoi kuninkaalle viisauden lisäksi myös sitä vaurautta, kunniaa ja rikkauksia mitä tämä ei ollut pyytänyt.

Jumala sanoi Salomonille: *"niin annetaan sinulle viisaus ja taito; ja lisäksi minä annan sinulle rikkautta, tavaraa ja kunniaa, niin ettei sitä ole ollut niin paljoa kenelläkään kuninkaalla ennen sinua eikä tule olemaan sinun jälkeesi"* (jae 12).

Jumala siunaa meitä niin että me kukoistamme kaikessa ja me saamme olla terveitä ja meidän sielummekin kukoistaa kun me uhraamme Hänelle hengellistä palvonnan palvelua Häntä miellyttävällä tavalla.

2. Ilmestymajan ajasta temppelin aikaan

Yhdistettyään kuningaskuntansa ja rauhoitettuaan maansa yksi asia vaivasi kuningas Salomonin isää, kuningas Daavidia. Jumalan temppeliä ei oltu vielä rakennettu. Daavid oli ihmeissään siitä että Jumalan arkki oli vielä teltan sisällä kun hän itse asui seetripuisessa palatsissa. Niinpä hän päätti rakentaa temppelin. Jumala ei kuitenkaan sallinut tätä sillä Daavid oli vuodattanut paljon verta taisteluiden aikana ja niin hän ei ollut sopiva rakentamaan Jumalan pyhää temppeliä.

Mutta minulle tuli tämä Herran sana: Sinä olet vuodattanut paljon verta ja käynyt suuria sotia. Sinä et ole rakentava temppeliä minun nimelleni, koska olet vuodattanut niin paljon verta maahan minun edessäni (1.Aik. 22:8).

Mutta Jumala sanoi minulle: 'Älä sinä rakenna temppeliä minun nimelleni, sillä sinä olet sotilas ja olet vuodattanut verta' (1. Aik. 28:3).

Kuningas Daavid ei voinut täyttää unelmaansa temppelin rakentamisesta mutta kiitollisena hän kuitenkin noudatti

Jumalan Sanaa. Hän myös valmisteli kultaa, hopeaa, pronssia, jalokiviä sekä seetripuita, eli kaikkia tarpeellisia materiaaleja, jotta hänen poikansa Salomon voisi myöhemmin rakentaa temppelin.

Salomonin neljäntenä hallitusvuotena hän vannoi noudattavansa Jumalan tahtoa ja rakentavansa temppelin. Hän aloitti rakennustyöt Morian kukkulalla Jerusalemissa ja sai työt päätökseen seitsemässä vuodessa. 480 vuotta sen jälkeen kun Israelin kansa oli lähtenyt Egyptistä Jumalan temppeli oli vihdoin valmis. Salomon vei liiton arkin ja kaikki muut pyhät esineet temppeliin.

Pappien tuodessa liiton arkin kaikkein pyhimpään Hänen kirkkautensa täytti koko temppelin *"niin että papit eivät voineet astua toimittamaan virkaansa pilven tähden; sillä Herran kirkkaus täytti Herran temppelin"* (1. Kun. 8:11). Näin ilmestymajan aika päättyi ja temppelin aika alkoi.

Salomon uhrasi temppelin Jumalalle rukouksessa ja rukouksessaan hän pyysi Jumalalta että Hän antaisi kansalleen anteeksi heidän kääntyessä sitä kohti vilpittömästi rukoillen jopa silloin kun he ovat kokeneet vastoinkäymisiä syntiensä tähden.

Kuule palvelijasi ja kansasi Israelin rukous, jonka he rukoilevat tähän paikkaan päin kääntyneinä; kuule asuinpaikastasi, taivaasta, ja kun kuulet, niin anna anteeksi (1. Kun. 8:30).

Kuningas Salomon oli hyvin tietoinen siitä kuinka temppelin rakentaminen oli miellyttänyt Jumalaa ja ollut kansalle siunaukseksi, ja niin hän esitti tämän pyynnön rohkeasti kansansa puolesta. Kuultuaan kuninkaan rukouksen Jumala vastasi.

Niinkuin hän oli ilmestynyt hänelle Gibeonissa. Ja Herra sanoi hänelle: Minä olen kuullut sinun rukouksesi ja anomisesi, kun sinä anoit armoa minun edessäni. Minä olen pyhittänyt tämän temppelin, jonka sinä olet rakentanut sitä varten, että minä sijoittaisin nimeni siihen ainiaaksi; ja minun silmäni ja sydämeni tulevat alati olemaan siellä (1. Kun. 9:3).

Tämä tähden Jumala kohtaa henkilön ja antaa hänelle vastauksia kun tämä henkilö palvoo Jumalaa vilpittömästi koko sydämellään ja mielellään.

3. Lihallinen palvonta ja hengellinen palvonta

Raamattu kertoo meille että on kahdenlaista palvontaa mitä Jumala ei hyväksy. Siitä riippuen minkälaisella sydämellä me uhraamme on olemassa hengellistä palvontaa minkä Jumala hyväksyy sekä lihallista palvontaa mitä Hän ei hyväksy.

Aatami ja Eeva ajettiin ulos Eedenin puutarhasta heidän niskoittelunsa jälkeen. Genesis 4 kertoo meille heidän kahdesta pojastaan. Heidän vanhemman poikansa nimi oli Kain ja nuoremman Aabel. Heidän tultua ikään Kain ja Aabel molemmat antoivat Jumalalle uhrin. Kain oli maanviljelijä ja antoi Jumalalle *"maan hedelmistä uhrilahjan"* (jae 3) kun taas Aabel *"toi uhrilahjan laumansa esikoisista, niiden rasvoista. Ja Herra katsoi Aabelin ja hänen uhrilahjansa puoleen"* (jae 4). *"Mutta Kainin ja hänen uhrilahjansa puoleen hän ei katsonut"* (jakeet 4-5).

Miksi Jumala ei ottanut Kainin uhria vastaan. Hepr. 9:22 kertoo meille että Jumalalle annettavan uhrin pitää olla eläinuhri jonka avulla synnit voidaan saada anteeksi hengellisen lain mukaisesti. Tästä syystä Vanhan testamentin aikana annettiin härkien ja lampaiden tapaisia uhreja ja Jeesus, Jumalan Karitsa, tuli meidän sovitusuhriksemme vuodattamalle verensä Uuden testamentin aikoina.

Hepr. 11:4 sanoo: *"Uskon kautta uhrasi Aabel Jumalalle paremman uhrin kuin Kain, ja uskon kautta hän sai todistuksen, että hän oli vanhurskas, kun Jumala antoi todistuksen hänen uhrilahjoistaan; ja uskonsa kautta hän vielä kuoltuaankin puhuu."* Toisin sanoen, Jumala hyväksyi Aabelin uhrin sen tähden että se annettiin Hänelle Hänen tahtonsa mukaisesti mutta Hän ei ottanut Kainin uhria vastaan sen tähden että tämä uhri ei ollut Hänen käskyjensä mukainen.

2. Moos. 10:1-2 kertoo Nadabista ja Abihusta jostka *"toivat vierasta tulta Herran eteen, vastoin hänen käskyänsä"* ja sitten tulivat Herran luota lähteneen tulen kuluttamaksi. 1. Samuel

12 taas kertoo kuinka Jumala hylkäsi kuningas Saulin sen jälkeen kun tämä oli tehnyt syntiä tekemällä profeetta Samuelin velvollisuuksia. Ennen kuin taistelu filistealaisia vastaan oli päättynyt kuningas Saul antoi Jumalalle uhrin sen jälkeen kun profeetta Samuel ei ollut saapunut paikalle sadan päivän sisällä. Samuelin saapuessa sen jälkeen Saul oli antanut uhrin Saul kertoi profeetalle vastentahtoisesti että hän teki näin sen tähden että osa joukoista karkasi hänen luotaan. Samuel vastasi tähän torumalla ja sanomalla että Saul oli toiminut hölmösti ja että Jumala oli hylännyt hänet.

Malakian jakeissa 1:6-10 Jumala toruu Israelin kansaa siitä että se ei ollut antanut Jumalalle parasta mitä heillä oli vaan sen sijaan antanut Hänelle mitä he eivät itse tarvinneet. Jumala lisää että Hän ei ota vastaan palvonta joka seuraa uskonnollisia määräyksiä mutta joka ei ole lähtöisin sydämestä. Nykyajan kielellä tämä tarkoittaa sitä että Jumala ei ota vastaan lihallista palvontaa.

Joh. 4:23-24 kertoo että Jumala ottaa mielellään vastaan Hänelle hengessä ja totuudessa uhraavien ihmisten hengellistä palvontaa ja siunaa heitä armolla, oikeudemukaisuudella ja uskollisuudella. Matteus 15:7-9 ja 23:13-18 kertovat kuinka Jeesus torui fariseuksia ja kirjanoppineita siitä että he seurasivat tarkasti muotoa mutta eivät kuitenkaan sydämessään palvoneet Jumalaa totuudessa. Jumala ei ota muodon tai tavan mukaan uhrattua palvelusta.

Palvonta täytyy uhrata Jumalan asettamien periaatteiden mukaisesti. Tällä tavalla kristinusko eroaa selvästi muista uskonnoista joiden seuraajat palvovat vain täyttääkseen omat tarpeensa ja jotka palvovat tavalla mikä heitä itseään miellyttää. Lihallinen palvonta on kuitenkin merkityksetöntä palvontaa jossa henkilö vain saapuu pyhättöön ja ottaa osaa palvelukseen. Hengellinen palvelus taas on sydämen pohjasta kumpuavaa ihailemista sekä Jumalan rakastamien lapsien palvelukseen hengessä ja totuudessa osaa ottamista. Täten kaksi ihmistä voi ottaa osaa palvelukseen samassa paikassa niin että Jumala kuitenkin hyväksyy vain näistä toisen palveluksen heidän sydämiensä mukaisesti. Sillä ei ole mitään merkitystä että ihmiset ovat saapuneet pyhättöön saakka ja palvelleet siellä Jumalaa jos Hän vain sanoo "minä et ota sinun palvontaasi vastaan."

4. Anna sinun ruumiisi eläväksi ja pyhäksi uhriksi

Jos meidän olemassaolomme tarkoituksena on kirkastaa Jumalaa niin silloin palvonnan täytyy olla meidän elämämme keskipiste ja meidän täytyy elää joka hetki Häntä palvovalla asenteella. Jumalan hyväksymä elävä ja pyhä uhri, hengen ja totuuden palvonta, ei täyty ottamalla osaa kerran viikossa palvelukseen sunnuntaina eläen silti maanantaista lauantaihin omien halujen mukaisesti. Meidät on kutsuttu palvelemaan Jumalaa kaikkina hetkinä ja kaikkina aikoina.

Kirkossa käyminen on meidän jokapäiväisen palvontamme jatke. Mikään meidän elämästämme erossa oleva palvonta ei ole aitoa palvontaa ja niin uskovan elämän täytyy olla kokonaisuudessaan Jumalalle uhrattua hengellistä palvontaa. Meidän ei pidä vain uhrata pyhätössä kaunista palvelusta kaikkien sääntöjen mukaisesti vaan myös elää pyhää ja puhdasta elämää noudattamalla kaikkia Jumalan antamia sääntöjä jokapäiväisessä elämässämme.

Room. 12:1 sanoo: *"Niin minä Jumalan armahtavan laupeuden kautta kehoitan teitä, veljet, antamaan ruumiinne eläväksi, pyhäksi, Jumalalle otolliseksi uhriksi; tämä on teidän järjellinen jumalanpalveluksenne."* Jeesus pelasti koko ihmiskunnan uhraamalla oman ruumiinsa uhriksi ja samalla tavalla Jumala haluaa meidän antavan oman ruumiimme eläväksi ja pyhäksi uhriksi.

Pyhä Henki mikä on yhtä Jumalan kanssa asuu meidän sydämessämme ja niin fyysisen temppelin lisäksi myös jokainen meistä on Jumalan temppeli (1. Kor. 6:19-20). Meidän pitää uudistua joka päivä totuudessa ja olla valppaana pysytelläksemme pyhänä. Me olemme antaneet ruumiimme eläväksi ja pyhäksi uhriksi mikä miellyttää Jumalaa kun Sana, rukouks ja ylistys täyttävät meidän sydämemme ja me teemme kaiken elämässämme Jumalaa palvovalla sydämellä.

Ennen kuin minä kohtasin Jumalan minä olin sairas. Minä vietin useita päiviä toivottomassa epätoivossa. Oltuani vuotenomana seitsemän vuoden ajan minulla oli paljon velkaa sairaala- ja lääkekulujen tähden. Minä elin köyhyydessä. Kaikki kuitenkin muuttui kohdattuani Jumalan. Hän paransi minut kaikista sairauksistani saman tien ja minun elämäni alkoi uudelleen.

Hänen armonsa nöyryyttämänä minä aloin rakastamaan Jumalaa yli kaiken. Sunnuntaisin minä heräsin aamunkoiton aikaan, kävin aina pesulla ja pukeuduin puhtaisiin alusvaatteisiin. Minä en koskaan käyttänyt samaa paria sukkia seuraavana päivänä vaikka minä olisinkin käyttänyt niitä vain hetkisen edellisenä lauantaina. Minä myös pukeuduin kaikkein puhtaimpaan ja siistimpään asuuni.

Tämä ei tarkoita sitä että uskovien tulisi pukeutua muodikkaasti mennessään kirkkoon. On vain luonnollista että me valmistaudumme parhaimpamme mukaan astuessamme Jumalan eteen Häntä kirkastamaan jos me rakastamme Häntä ja uskomme Häneen aidosti. Vaikka henkilön olosuhteet eivät sallisikaan hänen omistaa tiettyjä vaatteita me kaikki voimme kuitenkin valmistaa vaatteemme ja huolehtia ulkonäöstämme olosuhteidemme mukaan.

Minä pidin huolen siitä että minä annoin aina uhriksi uusia seteleitä. Aina kun minä sain uusia, rapisevia seteleitä minä asetin ne syrjään uhrilahjaksi. Minä en koskaan koskenut tähän rahaan edes hätätilanteissa sillä se oli laitettu syrjään uhria varten. Me tiedämme että Vanhan testamentin aikana jokainen valmisti uhrinsa omien olosuhteidensa mukaisesti. Tästä 2. Moos. 34:20 sanoo: *"Ja tyhjin käsin älköön tultako minun kasvojeni eteen."*

Minä olin oppinut herättäjältä että minulla oli aina uhri valmiina jokaisen palveluksen alussa, oli se sitten pieni tai suuri lahja. Minä en koskaan antanut vastentahtoisesti tai katunut antamaani siitä huolimatta että minun ja minun vaimoni saamat palkat riittivät tuskin meidän velkojemme korkojen maksamiseen. Kuinka minä olisin voinut katua kun minun uhrejani käytettin sielujen pelastamiseen ja Jumalan kuningaskunnan ja Hänen vanhurskautensa saavuttamiseksi?

Jumala siunasi meitä maksamaan pois suuret velkamme Hänen valitsemallaan hetkellä. Minä aloin rukoilla Jumalaa että Hän tekisi minusta yhä paremman vanhemman joka voisi auttaa taloudellisesti köyhiä ja huolehtia orvoista, leskistä sekä sairaista. Sitten Jumala odottamatta kutsui minut papiksi ja johdatti minut johtamaan suunnatonta kirkkoa joka on pelastanut lukemattomia sieluja. Minusta ei ole tullut kirkon vanhempaa mutta minä olen voinut tuottaa apua suurelle joukolle ihmisiä ja minä olen saanut osakseni Jumalan voimaa jonka avulla minä olen parantanut sairaita. Tämä on enemmän kuin mitä minä rukouksessa pyysin.

5. Kunnes Kristus saa teissä muodon

Vanhemmat uurastavat mielellään lastensa puolesta ja samalla tavalla meidän pitää uurastaa, olla kärsivällisiä sekä uhrautua voidaksemme huolehtia sieluista ja johdattaa niitä totuuteen. Apostoli Paavali tunnusti tästä jakeessa Gal. 4:19 näin: *"Lapsukaiseni, jotka minun jälleen täytyy kivulla synnyttää, kunnes Kristus saa muodon teissä."*

Minä tiedän että Jumalan sydän pitää jokaista sielua koko

maailmankaikkeutta kallisarvoisempana ja että Hän haluaa kaikkien tulevan pelastetuksi. Myös minä teen parhaani johdattaakseni sieluja pelastuksen tielle ja Uuteen Jerusalemiin. Minä yritän nostaa kirkon jäsenten uskoa *"kunnes me kaikki pääsemme yhteyteen uskossa ja Jumalan Pojan tuntemisessa, täyteen miehuuteen, Kristuksen täyteyden täyden iän määrään"* (Ef 4:13). Minä olen rukoillut ja saarnannut mahdollisimman paljon. On hetkiä jolloin minä haluaisin istua alas kirkon jäsenten kanssa kevytmielistä juttelua varten mutta koska minä olen lauman johdossa oleva paimen minä olen harjoittanut kaikessa itsekuria ja täyttänyt minulle annettuja velvollisuuksia.

On kaksi asiaa joita minä haluan jokaiselle uskovalle. Ensinnäkin, minä haluan että uskovat eivät tulisi vain pelastetuksi vaan että he saisivat asua taivaan kirkkaimmassa paikassa, Uudessa Jerusalemissa. Toisekseen, minä haluan uskovien välttävän köyhyyttä ja elävän vauraudessa. Kirkon kasvaessa ja sen jäsenmäärän noustessa myös taloudellisesti siunattujen jäsenten lukumäärä nousee. Maailmallisesti sanottuna ei ole helppoa tarkkailla ja pitää huolta jokaisen kirkon jäsenen tarpeista.

Minun raskain taakkani on kuitenkin se kun uskovat tekevät syntiä. Tämä johtuu siitä että minä tiedän että uskovan tehdessä syntiä hän loittonee Uudesta Jerusalemista. Äärimmäisissä tapauksissa hän saattaa jopa joutua tilanteeseen missä hän ei pysty pelastumaan. Uskova voi saada vastauksia tai hengellistä ja fyysistä parannusta vasta sitten kun hän on tuhonnut hänen ja Jumalan välillä seisovan synnin muurin. Minä olen pitänyt kiinni Jumalasta syntiä tehneiden uskovien puolesta ja näin tehdessäni minä en ole pystynyt nukkumaan ja minä olen taistellut kouristuksia vastaan, vuodattanut kyyneleitä sekä menettänyt kuvaamattoman määrän verran energiaa. Minä olen viettänyt lukemattomia tunteja ja päiviä paastoten ja rukoillen.

Jumala on ottanut nämä uhrit vastaan lukemattomia kertoja ja Hän on näyttänyt armonsa useita henkilöitä kohtaan joista moni oli aikaisemmin ollut pelastuksen ulottumattomissa. He kuitenkin saavat katumuksen hengen niin että he voivat katua ja tulla pelastetuksi. Jumala myös avasi pelastuksen ovet niin että lukemattomat ihmiset ympäri maailmaa ovat kuulleet evankeliumia ja ottaneet Hänet vastaan.

On erittäin palkitsevaa minulle pastorina nähdä kuinka uskovat kasvavat totuudessa. Samalla tavalla nuhteeton Herra uhrasi itsensä suloisena tuoksuna Jumalalle (Ef. 5:2). Myös minä marssin eteennpäin uhrataksen kaikki elämäni alueet eläväksi ja pyhäksi uhriksi Jumalan kuningaskunnan ja sielujen puolesta.

Lapsen kunnioittaessa vanhempiaan isän- tai äidinpäivänä (tai vanhempien päivänä Koreassa) osoittaen kiitollisuutensa heitä kohtaan hänen vanhempansa ovat onnellisia. Nämä kiitollisuuden osoitukset eivät kenties miellytä vanhempiaan mutta tästä huolimatta he ovat onnellisia sillä ne ovat lähtöisin heidän lapsensa sydämestä. Samalla tavalla Isä Jumala ilostuu ja siunaa lapsiaan kun nämä uhraavat Hänelle heidän valmistelemaansa palvelusta parhaimpansa mukaan Häntä rakastaen.

Uskovan ei tietenkään pidä elää halunsa mukaisesti viikolla ja ainoastaan palvella Jumalaa sunnuntaisin! Kuten Jeesus sanoo meille Luukaksen jakeessa 10:27 että jokaisen täytyy rakastaa Jumalaa koko sydämellään, sielullaan ja mielellään sekä uhrata itsensä elävänä ja pyhänä uhrina joka päivä. Minä toivon jokainen lukija voisi nauttia runsaasti Jumalan valmistamista siunauksista palvomalla Jumalaa hengessä ja totuudessa ja uhraamalla Hänelle sydämen suloista tuoksua.

Kirjailija:
Pastori Dr. Jaerock Lee

Dr. Jaerock Lee syntyi Muanissa, Jeonnamin provinssissa, Korean Tasavallassa vuonna 1943. Nuoruudessaan Dr. Lee kärsi useista parantumattomista sairauksista seitsemän vuoden ajan. Ilman toivoa parantumisesta hän odotti kuolemaa. Eräänä päivänä keväällä 1974 hänen siskonsa johdatti hänet kirkkoon, ja hänen kumartuessaan rukoilemaan Elävä Jumala paransi hänet välittömästi kaikista hänen sairauksistaan.

Siitä hetkestä lähtien kun Dr. Lee tapasi Elävän Jumalan tuon ihmeellisen tapahtuman kautta hän on rakastanut Jumalaa vilpittömästi koko sydämellään, ja vuonna 1978 hänet kutsuttiin Jumalan palvelijaksi. Hän noudatti Jumalan Sanaa ja rukoili kuumeisesti saadakseen selvyyden Jumalan tahdosta voidakseen toteuttaa sitä. Vuonna 1982 hän perusti Manminin Central Churchin Soulissa, Koreassa, ja siitä lähtien kirkossa on tapahtunut lukemattomia Jumalan töitä, parantumisia ja muita ihmeitä mukaan lukien.

Vuonna 1986 Dr. Lee vihittiin pastoriksi Korean Jesus' Sungkyul Churchin vuotuisessa kirkkokouksessa, ja neljä vuotta myöhemmin vuonna 1990 hänen saarnojansa alettiin lähettää Australiaan, Venäjälle, Filippiineille ja useisiin muihin maihin Far East Broadcastin Companyn, the Asia Broadcast Stationin ja the Washington Christian Radion Systemin kautta.

Kolme vuotta myöhemmin vuonna 1993 *Christian World* Magazine (US) valitsi Manmin Central Churchin yhdeksi "maailman 50:stä huippukirkosta", ja hän vastaanotti kunniatohtorin arvonimen jumaluusopissa Christian Faith Collegesta, Floridassa ja vuonna 1996 teologian tohtorin arvonimen Kingsway Theological Seminarysta Iowassa.

Vuodesta 1993 lähtien Dr. Lee on johtanut maailmanlaajuista missiota useiden kansainvälisten ristiretkien kautta jotka ovat suuntautuneet Tansaniaan, Argentiinaan, Los Angelesiin, Baltimoreen, Hawaijille, sekä New Yorkiin Yhhdysvalloissa, sekä Ugandaan, Japaniin, Pakistaniin, Keniaan, Filippiineille, Hondurasiin, Intiaan, Venäjälle, Saksaan, Peruun, Kongon Demokraattiseen Tasavaltaan, Israeliin sekä Viroon.

Vuonna 2002 Korean kristilliset sanomalehdet kutsuivat häntä "kansainväliseksi pastoriksi" hänen lukuisten ulkomaisten ristiretkien aikana tekemänsä työn johdosta. Varsinkin hänen Madison Square Gardenissa järjestetty "2006 New Yorkin Ristiretki" lähetettiin yli 220 maahan. Jerusalemin kansanvälisessä kokouskeskuksessä järjestetyn vuoden 2009 "Israel Yhtykää Ristiretken" aikana hän saarnasi rohkeasti siitä kuinka Jeesus Kristus on Messia ja Pelastaha. Hänen saarnojaan on lähetetty yli 176 maahan satelliittien välityksellä sekä GCN TV:n kautta. Vuosina 2009 ja 2010 suosittu venäläinen kristillinen lehti *In Victory* ja uusi *Christian Telegraphy* valitsi hänet yhdeksi maailman 10 vaikutusvaltaisimmaksi kristillisestä johtajaksi hänen voimallisten Tv-lähetysten ja ulkomaille suuntautuneen työn tähden.

Kesäkuu 2018 Manmin Central Church on seurakunta joka muodostuu yli 130 000 jäsenestä sekä 11000 koti-ja ulkomaisesta jäsenkirkosta kautta maailman, mukaanlukien 56 kotimaista haarakirkkoa. Se on lähettänyt yli 100 lähetyssaarnaajaa 26:n maahan, mukaan lukien Yhdysvaltoihin, Venäjälle, Saksaan, Kanadaan, Japaniin, Kiinaan Ranskaan, Intiaan, Keniaan sekä useaan muuhun maahan.

Tähän päivään mennessä Dr. Lee on kirjoittanut 112 kirjaa, mukaan lukien bestsellerit *Ikuisen Elämän Maistaminen Ennen Kuolemaa, Elämäni ja Uskoni, Ristin Sanoma, Uskon Mitta, Henki Sielu ja Ruumis, Taivas I & II, Helvetti* sekä *Jumalan Voima*. Hänen teoksiaan on käännetty yli 76 kielelle.

Hän on kirjoittanut kristillisiä kolumneja useisiin sanomalehtiin, mukaanlukien *The Hankook Ilbo, The JoongAng Daily, The Dong-A Ilbo, The Chosun Ilbo, The Seoul Shinmun, The Kyunghyang Shinmun, The Hankyoreh Shinmun, The Korea Economic Daily, The Shisa New* ja *The Christian Press.*

Dr. Lee on tällä hetkellä usean lähetysorganisaation ja -seuran johdossa, mukaan lukien The United Holiness Church of Jesus Christ (presidentti), The World Christianity Revival Mission Association (pysyvä puheenjohtaja), Global Christian Network (GCN) (perustaja ja johtokunnan jäsen), The World Christian Doctors Network (WCDN) (Perustaja ja puheenjohtaja), sekä Manmin International Seminary (MIS) (perustaja sekä johtokunnan jäsen.)

Muita saman tekijän voimakkaita kirjoja

Taivas I & II

Yksityiskohtainen kuvaus siitä ihmeellisestä elinympäristöstä josta taivaalliset kansalaiset saavat nauttia sekä taivaallisen kuningaskunnan eri tasoista.

Ristin Sanoma

Voimallinen herätysviesti kaikille niille jotka ovat hengellisesti nukuksissa. Tästä kirjasta sinä löydät Jumalan todellisen rakkauden ja syyn siihen että Jeesus on Pelastaja

Helvetti

Vilpitön viesti koko ihmiskunnalle Jumalalta, joka ei tahdo yhdenkään sielun joutuvan helvetin syvyyksiin! Sinä löydät koskaan aikaisemmin paljastamattoman kuvauksen Helvetin julmasta todellisuudesta.

Henki, Sielu ja Keho I & II

Kirja selittää Jumalan alkuperän ja muodon, henkien tilat, ulottuvuudet sekä pimeyden ja kirkkauden, jakaen meille salaisuuksia joiden avulla me voimme tulla hengen täyteyden ihmisiksi jotka voivat ylittää ihmisten rajoituksia.

Uskon Mitta

Minkälainen asuinsija sinulle on valmistettu taivaaseen ja minkälaiset palkkiot odottavat sinua siellä? Tämä kirja antaa sinulle viisautta ja ohjeistusta jotta sinä voisit mitata uskosi määrän ja kasvattaa uskostasi syvemmän ja kypsemmän.

Herää, Israel

Miksi Jumala on pitänyt katseensa Israelissa aina aikojen alusta tähän päivään saakka? Minkälainen suunnitelma on laadittu Messiasta odottavan Israelin viimeisiä päiviä varten?

Elämäni ja Uskoni I & II

Uskomaton hengellisyyden aromi elämästä joka puhkesi vertaistaan vailla olevaan rakkauteen Jumalaa kohtaan tummien aaltojen, kylmien ikeiden ja syvän epätoivon keskellä.

Jumalan Voima

Välttämätön teos joka opastaa kuinka omata aitoa uskoa ja kuinka kokea Jumalan ihmeellinen voima.

www.urimbooks.com

www.ingramcontent.com/pod-product-compliance
Lightning Source LLC
LaVergne TN
LVHW041814060526
838201LV00046B/1258